# a casa das 9 mulheres

Valéria Paglioni

Texto: Valéria Paglioni

Coordenação Editorial - Editora Flow

Projeto Gráfico e Diagramação - Evana Melo

Capa - Danillo Villa

Dados Internacionais de Catalogação na Publicação (CIP)

Câmara Brasileira do Livro, SP, Brasil

Paglioni, Valéria

A Casa das 9 Mulheres/ Valéria Paglioni

ISBN: 9786599611186



...

Impresso no Brasil / 2021

*Família é morar no mesmo coração*

# Prefácio

A Valéria se tornou minha irmã de cara, estive perto e soube de quase tudo...não sei se isso facilita ou piora as coisas.

Somos muito diretos quando nos falamos, ela é uma pessoa que pensa, que fala de si sem muitos volteios, que tem coragem de assumir-se como pessoa e com tudo o que isso implica. Seu livro fala de partilha, 9 mulheres fortes, conectadas por toda espécie de laço que existe em uma família. Echaporã, o cenário da nossa infância, que aparece no livro, tem cerca de 5 mil habitantes, o que quer dizer que de algum modo, estamos todos conectados. Com sua infância marcada por um acontecimento forte, a Valéria foi acolhida e posso dizer que esteve nas orações da maioria das famílias de lá. Ela tem esse it, se conecta, te olha com curiosidade, ela quer participar, ouvir, amar, criar... viver.

Este livro é uma espécie de reencontro, com o que importa, quando contatamos que é preciso dizer que há muito amor disponível em nossas vidas.

Danillo Villa

# Dedicatória

Eu dedico este livro a todas as mulheres do mundo, em especial as com quem aprendi, as que ensinei, as que sofreram comigo, as que sofreram por mim, as que me ensinaram a sorrir, a lutar e as que me ensinaram o verdadeiro valor de uma vida: o amor e a família.

Dedico em especial à tia Nena, a mulher mais sábia que conheci até hoje, uma mulher com apenas o primeiro grau completo, mas de uma unidade invejável com o Espírito Santo, uma mulher de muita fibra, de muita força e fé, que sem dúvida foi minha grande mestra, embora eu não percebesse claramente tudo que sentia e tudo que ela representava e ainda representa para mim.

Dedico com todo meu coração à minha mãe biológica Vera Lucia, onde tudo começou, as minhas "irmães": Isa, Elcia, Selma, Meire e Ligia, as minha irmãs, Juliana e Priscila, as minhas filhas Clara e Marina, as minhas primas Ana Claudia, Luciana, Isabela, Raquel, Karina, Lara, Maria Helena, Marina, Beatriz e Heloisa. À professora mais especial do mundo, tia Ani, às mulheres sábias que passaram por mim: d. Lina, tia Carmem, Edinha, d. Cecilia,

d. Geralda, tia Mira, Lucia, Helena cabeleireira, às amigas tão especiais de todas as fases: Cassiana, Zi, Marcia Villas Boas,Vivien Fortes, Ana Soares, Vanessa Negrão, Juliane Saccon, Luciana Fernandes, Gisa, e todas as amigas de Campinas, as amigas de escola e de colégio, em especial Karina Massud, as amigas de Santos, as amigas arquitetas de Marília, a todas as terapeutas (foram muitas) que cuidaram das minhas emoções (foram muitas também). Todas vocês de alguma forma me fizeram ser uma pessoa melhor: me ensinaram, me acolheram, me impulsionaram, me ouviram, me amaram e agregaram valor à minha vida .

Sou grata pela vida de vocês.
Obrigada, de todo meu coração.

# Sumário

# Introdução

A cada dia está mais claro para mim que somos o conjunto das pessoas que conhecemos, dos lugares que visitamos e das histórias que construímos e partilhamos. Não somos um acaso.

Eu amo a vida e sou grata à oportunidade de escrever este livro, por ter clareza dos sentimentos, agradeço aos meus olhos, meus ouvidos, ao meu corpo saudável e perfeito, que me leva onde for preciso e principalmente ao meu coração ensinável, sempre pronto a ouvir, a aprender e disposto a amar.

Este é um livro simples, não há grandes descobertas nem grandes feitos, eu passei por muitos desafios e fui transformada, por isso eu resolvi abrir meu coração e rasgar a minha alma para passar com a mais pura transparência e verdade os momentos da minha infância até a adolescência, procurei buscar as entrelinhas das vivências que pareciam simples, mas estavam recheadas de significados que me formavam como ser humano íntegro e do bem. Eu traduzi em sentimentos as peripécias da infância de uma menina simples e comum em uma cidadezinha do interior de São Paulo chamada Echaporã.

Não digo a você que escrever esse livro foi o

feito mais fácil de minha vida, embora eu soubesse que esse livro existia dentro de mim, tive momentos de dor e muita solidão ao escrevê-lo, mas a cada linha, a cada palavra e a cada letra eu ressignificava minha história e me curava, curava minhas dores, meus medos, minhas inseguranças, meus sentimentos de rejeição, de impotência e o meu vitimismo.

Esse livro é sobre família, amor, união, alegrias, tristezas, força, coragem e muitos desafios. Não é uma história sobre sofrimento, é uma história sobre superação. É um exemplo de como o amor é capaz de superar qualquer obstáculo, é a trajetória de mulheres reais, perfeitas em suas imperfeições, que lutaram e ainda lutam para manter a alegria, a unidade, a força e algo que elas têm em comum: verdadeira adoração pela família.

É uma história de fé, de princípios e de integridade, honestidade nos sentimentos e no cumprimento de um propósito.

O meu desejo é que você entenda através dessa história que família é muito mais do que ter o mesmo sangue, do que ter o mesmo sobrenome, do que morar na mesma casa, família é morar no mesmo coração.

Talvez em algum momento você vai se perguntar se só houve flores e eu vou te responder: obviamente que não, tivemos muitas dificuldades, havia brigas sim, ciúmes também, e uma certa competição em alguns aspectos, uma disputa por amor, e assim vai, mas veja, eu aprendi muito cedo a fazer de limões deliciosas limonadas e assim eu fiz.

Muito cedo eu entendi que aprendemos no amor mas também na dor, nas regalias mas também nas dificuldades e que tudo tem um lado positivo, afinal "a gente nunca perde: ou ganhamos ou aprendemos" .

Eu entendi rapidamente o que era viver fora da zona de conforto e isso me fez uma pessoa flexível e criativa, pois o "script" mudava e as adversidades eram rotina. Eu fui vivenciando o que era "inteligência emocional", adquirindo autoridade sobre esse assunto e descobri cedo que tudo que alguém lhe dá, de positivo ou negativo, é sobre a própria pessoa e não sobre você, se as pessoas te dão amor e doçura é porque elas o têm, se elas te dão mágoas e te causam dores, essa dor é delas, somente delas.

Não pense que sou a Madre Teresa de Calcutá e que nasci com essa capacidade e entendimento sobre os sentimentos e sobre as relações; de forma alguma, eu fui adquirindo "bagagem" no decorrer da vida, sempre pedi a Deus sabedoria e discernimento, rezei bastante, fiz muita terapia, e sempre fui uma boa observadora dos comportamentos e das relações humanas. Hoje eu sei que eu estava sendo treinada para ser melhor a cada dia, para ser um ser humano mais proativo, mais caloroso, mais acolhedor, alguém com capacidade de se colocar no lugar do outro para compreender as dores, as limitações. Afinal de contas, eu tenho absoluta certeza que viemos a essa vida para sairmos dela melhores do que entramos, você não acha?

Sobre tudo isso que falei, existe um versículo que gosto muito, em Romanos 8:28:

*"Sabemos que Deus age em todas as coisas para o bem daqueles que o amam, dos que foram chamados de acordo com seu propósito".*

Para terminar essa introdução, eu gostaria de te perguntar:
Como são suas relações?
Você vê o lado bom da vida?
Você transforma os seus desafios em aprendizados?

# Onde tudo começou

É 9 de setembro....

Frio, neblina, atmosfera densa.....

O pijama de maçãzinhas era novo, tinha cheirinho de loja, os pés frios e o movimento na casa aumenta, era uma manhã fria, havia neblina lá fora, uma segunda feira, o ano era 1980.

Pessoas que nunca vi, vozes, sussurros, suspense, tensão...

O que será que está acontecendo?

O coração sente, a alma já sabe, mas para uma criança de 7 anos o que resta é o silêncio, a observação, os sentimentos misturados e a INTUIÇÃO. Sim, eu a conheci naquele dia, eu sabia sem saber, eu sentia sem sentir, eu vivia sem viver.

Éramos uma família comum: pai, mãe e 3 filhas.

Era uma casa em formato de "U", na qual o primeiro bloco tinha sala de visitas, de TV, os quartos e banheiros, no outro bloco um quartinho de ferramentas, 2 quartos e um banheiro para hóspedes, para completar o bloco do fundo, a cozinha. O quintal que ficava ao centro era calçado, com muito espaço para correr, havia redes ao redor da casa, uma parte tinha varanda, a casa ficava ao fundo do lote, com um jardim grande na entrada, com muitas espécies de plantas e o destaque ficava para um "chorão", ele tinha lugar de importância naquela paisagem.... eu odeio chorões até hoje.

Morávamos em Maringá – PR, meu pai era delegado e havia sido transferido para Curitiba naquele ano, minha mãe preferiu terminar o meu ano letivo já que era ano de alfabetização e a idéia era nos mudarmos para Curitiba no próximo ano, meu pai ficava lá durante a semana, voltava às sextas e na segunda cedinho retornava a Curitiba.

Uma vida linda, de infinitas possibilidades, a mãe sonhava com as filhas bailarinas, pianistas, artistas, lindas e maravilhosas, cheias de vida e oportunidades, o pai sonhava com a primogênita médica, entre outros mil sonhos.

Eram planos lindos, prósperos, abundantes como Deus deseja a todos, era uma história no início de sua contagem, a vida estava começando para aquela família.

# Meus pais

Eloi Paglioni (23.12.1939 - 41 anos)

O pai delegado, inteligente, corajoso, destemido, alegre, livre, correto, justo, sincero, o caçula de uma família de imigrantes italianos, que nascera 15 anos após o último irmão e foi criado pela irmã mais velha (a Nena), pois seus pais iam à lavoura logo cedo e voltavam ao anoitecer.

Foi o filho que mais teve oportunidades criadas por seu irmão, Sebastião, que o incentivou e bancou a faculdade de direito, a qual ele concluiu com muitos méritos e premiações, pois era bom em tudo que fazia, inteligente, autodidata, um cara nota mil.

Elói não deu conta de exercer a profissão, era muito justo para defender pessoas que não estavam corretas, era um homem íntegro, rígido e bem teimoso, vivia de princípios.

Não teve dúvidas, prestou concurso para delegado, passou de primeira, e ali iniciou sua carreira, crescendo e se destacando por onde atuava.

Gostava de uma boa prosa, vivia cercado de amigos, adorava uma cervejinha, churrasco e carneiro.

Era lutador de karatê, forte, entusiasta da vida.

Tinha amigos do trabalho, da faculdade, da infância, da maçonaria, do karatê, dos campeonatos de tango (dos quais tinha sido campeão inúmeras vezes) era uma presença marcante por onde transitava, e lia de tudo: política, filosofia, ciências, psicologia. Era um apaixonado pela vida, contagiava a todos com sua sabedoria.

Vera Lúcia Real Paglioni (nascida em 06.10.1947- 32 anos).

Era a caçula de uma família de imigrantes portugueses, a sétima filha que chegou em uma tarde de primavera como uma grande surpresa, sua mãe já tinha uma certa idade, uma senhorinha portuguesa, escondeu a gravidez embaixo de seus aventais, saias e afazeres. A parteira chegou à casa da família e a surpresa aconteceu.

Vera foi muitíssimo amada, era alegre, cheia de vida, de luz, carismática, extrovertida, bonita e tinha uma energia contagiante...

Vera foi criada pela irmã Zulmira (nossa querida tia Mira) que em seu nascimento tinha 18 anos.

Zulmira levava Vera para tirar fotos, ir ao circo, ao parque; Zulmira também brincava de boneca com a irmã caçula.

Aos 15 anos, Vera queria aprender piano e seu pai lhe dera um piano, com a seguinte condição: vai aprender acordeon também, sim ela aprendeu e muito bem, se tornou professora de música, dos dois instrumentos, era dedicada, abrilhantava qualquer ambiente que estivesse, ela tinha luz própria.

Ah, tem um detalhe que vou te contar sobre minha mãe: ela amava pipoca e quando recebia uma amiga, prima ou comadre, ela estourava uma grande bacia de pipoca, ela também amava jogar cartas, nós dormíamos no sofá, no colo de alguém, mas era sempre difícil tirá-la das voltas de um carteado.

O casal passava as tardes de domingo cantando e tocando, Vera tocava o piano e Elói no seu portunhol charmoso cantava músicas argentinas, hora tocava a sanfona mesmo, um instrumento exótico e tão interessante aos nossos olhos. Não importa o instrumento nem as músicas, o que importa é a atmosfera de amor presenciada, vivida e jamais esquecida.

Meu pai era muito respeitado, um homem comunicativo, de muitos amigos, ele era influente, acho que poderoso inclusive, minha mãe era um doce de pessoa, fazia amigos em qualquer esquina, era dançarina, professora de música, uma artista, era uma mulher super antenada, arrumada e vaidosa (essa característica é bem presente na Pri, a nossa irmã caçulinha), ela sempre tinha o conjunto de sapato e carteira combinando, tinha de todas as cores.

Um casal alegre que pulava carnaval as 5 noites lá em Cruzeiro d'Oeste (na casa do tio Aimoré), ia a todos os bailes do Country Clube e participava de todas as competições de tango do estado do Paraná.

Dessa dupla nasceram as 3 meninas: eu, Valéria, Juliana, a Ju, e Priscila, a Pri, que são as protagonistas dessa história que vou compartilhar com vocês, da qual você agora vai fazer parte. Nas próximas páginas está o meu coração e eu o entrego com todo meu amor para você.

Quem sabe através da minha história você não valorize ainda mais a sua família e perceba definitivamente o imensurável valor de cuidar, manter e lutar por sua família.

# A casa da professora

Morávamos em Maringá e meu pai passava a semana em Curitiba. Na manhã daquela segunda-feira fria, em nossa casa estavam Priscila, tia Zulmira e eu. Juliana tinha ido no retorno ao oftalmo em Curitiba com meus pais, um motorista da delegacia os conduziu, pois voltaria trazendo minha mãe e irmã.

Tinham muitas viaturas, vários adultos, muitas conversas, algum choro, uma certa tensão. Após atravessar a longa garagem com o jardim ao lado e o chorão (já em prantos naquela hora), fui levada até a casa da professora na companhia do nosso pediatra, mas eu nem entendi o porquê. A Pri ficou em casa com a tia Zulmira.

Foi um longo trajeto até a frente da casa em "U", acabei de lembrar que era de cacos de cerâmica vermelha e algumas peças bem espaçadas coloridas; se você tem mais de 40 anos pode ser que se lembre desse piso.

Entrei em uma viatura de polícia (eu já tinha intimidade com esse carro, pois meu pai nos levava para passear as vezes), mas não é tão confortável e tão comum, diga-se de passagem.

Lá fui eu, meu coração batia forte, minha mente não sabia, mas minha alma já havia vivido tudo aquilo, era ruim, estranho, mas era o que tinha a ser vivido, era exatamente aquilo o que a vida havia preparado naquele momento, e não havia como fugir.

Ao escrever agora, quarenta anos depois posso ouvir e sentir meu coração acelerar e todos os sentimentos que tive naquele momento renascerem agora, é, eu acho que aquele dia eu entendi que "a vida é um sopro".

A Professora- Tia Ani era o nome dela, a minha professora de primeira série do Colégio Regina Mundi, um anjo de pessoa, inteligente, atenciosa, sensível, eu amava e ainda amo essa pessoa.

A professora morava com a mãe dela, uma senhora engraçada, mas naquele dia ela não fez graça, novamente eu sabia sem saber, eu sentia sem sentir, eu sabia que aquele dia mudaria nossa história.

Elas me deram um chá e fomos ao quarto da tia Ani, era um quarto com atmosfera infantil, havia várias bonecas, a decoração era romântica e bucólica. Era uma casa simples, mas era tudo tão organizado e bonito, parecia uma casinha de bonecas.

Ela me contou uma história:

- Era uma vez um casal lindo que se apaixonou, depois começaram se amar e resolveram se casar, eles se amaram tanto que desse amor nasceram 3 filhas.

Eles se divertiam muito, tinham tanta amizade, cumplicidade, muita afinidade e uma alegria infinita, por isso essas 3 crianças eram tão especiais, inteligentes e muito abençoadas.

Três princesas foram escolhidas para serem filhas de um rei e de uma rainha, o amor deles é tão forte que vai ultrapassar gerações, esse legado continua eles estando ou não aqui, pois essa história já começou e ela nunca mais vai acabar.

E eu completei a frase : "esse casal são meus pais e eles morreram né?"

Agora, ao escrever eu lembro de cenas picadas após a confirmação dos fatos que minha intuição me dissera, como se tivesse um apagão que eu reinicio me descolando do colo da professora de camisa de manga curta xadrez com partes mais escuras pois foram molhadas pelas minhas lágrimas. Talvez tenham se passado horas, ou minutos, talvez eu tenha cochilado, talvez um apagão pela dor, enfim...

Na prática, depois da grande dor, minha reação foi: eu quero ficar aqui e quero morar com você, só isso que eu quero, pois depois dos meus pais eu só confio em você...

Naquele momento de dor e ainda tão pequena entendi, mesmo que inconscientemente, como as pessoas se conectam. Elas se conectam no amor, na alegria, mas elas também se conectam na dor, eu estava diante da maior dor da minha vida, e de uma mensagem muito triste vinda dessa professora, e ao invés de eu ter ódio do portador dessa notícia, eu senti segurança pois foi a pior notícia dada a uma uma criança da maneira mais amorosa e bonita que se possa dar.

Foi o meu primeiro contato com a morte, foi horrível, foi cruel, e doeu muito, escrevendo aqui posso reviver essa dor, me lembrar de cada detalhe, me lembro desse quarto, dessa fala, desse vazio, dessa angústia, desse abismo e também desse amor.

Mas uma notícia difícil tem um jeito especial para ser contada, e foi. Muito obrigada, tia Ani, por me dar a pior notícia da minha vida com tanto amor, dedicação, transparência e didática, eu tenho certeza que o Espírito Santo esteve conosco naquele momento e levou a seus lábios cada palavra dita para que fosse o menos dolorida e o mais amorosa possível, apesar da dor cortar a carne e a alma.

Hoje, depois de tantos anos, eu compreendo, conscientemente, que o amor pode ser sentido, ser vivido, pode ser falado, compartilhado, demonstrado, pode ser escrito, pode ser transformado, pode ser criado e pode ser dito mesmo em ocasiões desafiadoras. O verdadeiro amor pode acalmar uma alma e aquecer um coração.

# Uma cena jamais esquecida

Sim, meus pais se foram, os dois, um jovem delegado de 41 anos e sua esposa de 32 morreram em um acidente na Serra do Cadeado, deixando 3 meninas: Valéria com 7 anos, Juliana com 4 e Priscila com apenas 1 ano e 2 meses.

Meus pais estavam indo levar a Juliana no retorno do oftalmo. No carro também estava o motorista da delegacia que os estava levando para retornar no dia seguinte com minha mãe e minha irmã. A Ju estava deitada no banco de trás no colo da minha mãe e teve ferimentos leves no pezinho, minha mãe morreu na hora, quebrou o pescoço com a batida, o motorista quebrou as duas pernas meu pai morreu a caminho do hospital, de hemorragia interna. Há 40 anos, não existia o hábito do cinto de segurança e também não era obrigatório, não havia airbags e os carros não tinham tanta tecnologia.

No final desse longo dia, a Ju foi trazida por um casal de primos (a Lúcia e o César) para a casa da professora. Apesar de arranhões leves no pezinho, tinha profundos ferimentos no coração, foi um encontro muito triste e emocionante, sentimos o nosso elo se fortalecer naquele momento de dor.

A Pri tinha ficado o dia todo em casa com a tia Zulmira, ainda não tínhamos visto nossa caçulinha naquele dia.

Da casa da tia Ani voltamos à nossa casa para o velório, fomos nos despedir, naquela época se velava os corpos em casa.

Essa cena difícil, dolorida e arrasadora me persegue e me ronda pela vida, eu choro agora de pena daquela família linda se separando (sim é só uma separação pois um dia iremos nos encontrar)

Nossa casa ficava ao fundo do lote, como já disse, eram passos lentos e muito muito doloridos, eu estava de mãos dadas com a Juliana, minha irmãzinha de 4 anos, para atravessarmos juntas essa dor, ainda nos mantemos de mãos dadas até hoje para atravessarmos nossas dores.

Havia muitas pessoas na casa, muita dor!

A vida seria diferente para as 3 meninas e para muitas famílias que conviviam com o jovem casal, a dor foi avassaladora para família Real Paglioni.

Os dois caixões estavam na sala onde ficava o piano e nosso sofá de couro branco. Meu pai estava de terno, com alguns machucados e cacos de vidro no rosto, minha mãe estava com um tailleur branco, ainda posso ver e sentir a textura de suas pequenas mãos já frias com as unhas pintadas na cor vermelha.

Existem algumas cenas quebradas dessa

noite, mas o olhar em todos os rostos era de pena, desesperança e em algumas pessoas desespero ao olhar para nós 3. A Pri ficou no colo da babá quase o tempo todo, eu e a Ju demos uma volta pelos caixões, depois andamos pelo restante da casa em direção à cozinha, havia sussurros e choros, um cheiro de flor enjoativo das infinitas coroas dentro da sala e espalhadas pela garagem. As pessoas nos abraçavam e choravam profundamente, é como se todas as dores do planeta Terra estivessem concentradas naquela noite, naquela casa, naquele chorão.

Fecho os olhos e vejo a tampa dos caixões encostadas ao fundo do corredor, próximas à porta do quarto dos meus pais, aquele corredor que eu atravessava quase todas as noites quando tinha pesadelo ou medo do escuro, me enfiava no meio do casal que às vezes já tinha a visita da Juliana entre eles. E agora para onde eu iria quando tivesse medo, quem iria acolher o meu medo, com quem eu iria dormir, onde seria minha casa, o aconteceria agora?

# Os trâmites da mudança

Eu fiquei uns dias na casa da tia Ani onde por força das circunstâncias desejei morar para sempre, pois foi quem me acolheu na minha pior dor. Ela me explicou que não teria recursos financeiros, e que eu não teria aniversário de 15 anos, que não poderia fazer viagens e ter uma vida de fartura, e também ela não poderia ficar comigo e com minhas irmãs. E, para o momento, o ideal era que as 3 irmãs ficassem juntas, pois éramos parte de uma família que não seria ainda mais dividida.

No dia 12 de setembro de 1980 nos mudamos para Echaporã, uma cidadezinha no interior do estado de São Paulo, na época tinha 12 mil habitantes, soubemos mais tarde que em um ano qualquer o Censo calculou 8 mil, mais para frente ela cresceu novamente, mas isso não vem ao caso...

Echaporã é a cidade mais simpática e charmosa que conheci e, em sua infinita bondade, Deus colocou as 3 meninas exatamente lá naquele lugar pacato, com boa energia, boas pessoas, na verdade era como se fossemos uma grande família, há 40 anos funcionava dessa forma, quem mora ou morou no interior entende o que eu estou dizendo...

Sabe aquela cidade com praça e coreto na praça da igreja? Com salão paroquial, cinema, casa do padre, a escola (obviamente uma escola estadual, a única na época, hoje tem mais escolas), tinha a creche, a cozinha industrial de onde saiam as merendas da escola, tinha a piscina municipal (o seu Nenê cuidava dela, lembro até hoje) junto com o ginásio de esportes, o campo de futebol, o hospital (que era mantido pelas freiras, naquela época), a farmácia do Bedusqui, a padaria da dona Orides, o Biti (era um armazém muito pitoresco, tínhamos caderneta para anotar as contas), tinha o Zé Lopes também, e o Sassaki, a quitanda da Nide, o posto de gasolina do tio Bastião (tinha o da estrada também, da família Garcia, onde aos domingos eventualmente almoçamos a comida deliciosa da D. Neusa, esposa do Zé Garcia). Tinha a lanchonete, que na época era da Selma e do Nelson, lá buscávamos 2 maços de Charm (era o cigarro que minha tia fumava na época, sem críticas, por favor, naquele tempo era normal e charmoso fumar.)

Que cidadezinha!

Bom, voltemos ao dia da nossa partida,... O dia da mudança!

Tio Joãozinho, Dedão, tia Nena e mais algumas pessoas foram nos buscar em Maringá, tia Nena seria nossa tutora, a irmã mais velha do meu pai, sim aquela que o criou e agora iria nos criar. Tia Nena havia ficado viúva aos 36 anos e terminou de criar 5 filhas na época entre 3 e 13 anos, já era uma expert em criar meninas e encarou o desafio de criar mais 3, tia Nena tinha quase 60 anos quando nos adotou.

Minha tia foi questionada se essa seria a melhor saída, se sua atitude estava realmente correta. Havia ali histórias de sofrimento já vividas, aquele seria um momento de poder desfrutar mais da vida, tia Nena se absteve de tudo e teve uma grande certeza em seu coração: "tenho essa missão, vou cumpri-la e só vou embora quando as 3 estiverem formadas e casadas".

Tia Nena já tinha 5 netos, aquele seria um momento de descanso e de desfrute, mas existe um propósito em cada vida e naquele momento o dela foi mais que acionado e ela o aceitou, Deus falou em seu coração, mostrou a visão e preparou com maestria toda provisão e lá estávamos a caminho do novo lar.

Uma observação: quando o casal morre e deixa filhos, a indicação inicial do juiz é que as crianças morem com os avós paternos, mas nossos avós já eram velhinhos e não teriam condições, daí volta para os avós maternos, mas não tínhamos mais avós por parte de mãe, então voltamos para família do pai, minha tia era a irmã mais velha, mas nem por isso precisaria nos adotar, poderíamos ficar cada uma com um tio, mas ela adotou as 3, sem deixar ninguém para trás.

# Nosso novo lar

Era tudo muito diferente, a rua era Santa Caratina, número 60, a rua da subida da Igreja, passando pelo cinema.

Havia 2 casas em um lote bem grande, a de cima era a da minha tia Nena e agora nossa também, e a de baixo era a casa da tia Carmem e do tio Joãozinho (esses eram tios por consideração, pois o Joãozinho era irmão do tio Dito, marido da minha tia Nena, por isso não eram nossos tios originais) os pais das 4 loiras: as gêmeas Tatá e Ti, a Vanessa e a Cassiana, que era 3 anos mais velha do que eu e me adotou com todo amor, era minha fiel escudeira, não deixava ninguém judiar de mim e me apresentou com todo orgulho para a cidade inteira. Ela não deve saber como sua companhia, seus cuidados e sua proteção foram importantes para mim, ela era molecona, destemida, brava, não baixava a guarda para ninguém, deitava e rolava para cima de qualquer pessoa, e era meu verdadeiro escudo, nunca sofri bullying, não sei porque não sofri mesmo ou se a Ca me protegia e fui sempre muitíssimo bem aceita por todos os lugares que transitei.

Bom vou contar dessa mistura de gente...

Era uma casa ao lado da outra e não tinha muro, nosso quintal era praticamente compartilhado, tínhamos uns 3 pés de jabuticaba e também siriguela, amora, laranja, limão, e do nosso lado tinha uma hortinha e um balde num galho de limoeiro para colocarmos a lavagem dos porcos. Eu nem sei para onde ia isso, porque em casa não tinha porcos, mas eu sei que juntávamos os restos das comidas nesse balde.

Tínhamos regras e horários para tudo, mas minha tia nos deixava bem livres para passarmos a tarde brincando ou andando de bicicleta, no início dos meus dias em Echaporã, quando eu não estava na tia Carmem com a Cassiana, estava com a Zi, minha amiga unha e carne, desde que soubesse onde estávamos e desde que chegássemos antes do anoitecer, estava tudo bem.

Eu gostava de ir na tia Carmem, as gêmeas deviam ter uns 15 anos, tinham os cabelos longos com cachos loiros, uns corpos lindos e usavam as roupas mais modernas que eu já tinha visto, a Vanessa estava sempre sorrindo, alguns achavam ela brava, mas comigo ela sempre foi muito doce e amorosa, a Ca então, nem se fala.

Outra coisa que me encantava é que a tia Carmem gostava de se arrumar, estava sempre maquiada, cheirosa e eu amava olhar seus pés com esmalte, ela tinha os dedinhos certinhos (em escadinha), a unha miudinha e ficava tão linda de esmalte vermelho. Eu acho que a tia Carmem tinha o estilo de se cuidar, de se vestir e se arrumar mais parecido com o da minha mãe, talvez por isso eu me conectava com ela e a admirava tanto, a tia Carmem era uma referência de mulher elegante para mim, tipo uma superstar, eu consigo sentir seu cheiro ainda, se a encontro atualmente sempre falo, "tia Carmem como eu amava ver a senhora se arrumar", eu ficava horas olhando ela em frente o espelho do banheiro se maquiando e ela sempre deixava, com todo amor, às vezes passava batom em mim e me dava umas esguichadinhas do seu perfume. Como eu fui amada e por tantas pessoas diferentes.

Como o quintal era grande nós fazíamos cirquinho, ensaiávamos algumas peças, danças, mágicas e brincadeiras, cobrávamos um valor simbólico de entrada, fechávamos a frente do pé de siriguela com dois lençóis em um varal e mandávamos bala no show, ensaiávamos a semana toda e o cirquinho era aos sábados, as mais velhas cooperavam muito, a Vanessa ajudava a vender os doces (sim, fazíamos doces para vender), e nos divertíamos muito, eu amava os cirquinhos, me achava uma verdadeira artista, como eram saudáveis, ingênuas e divertidas nossas brincadeiras, usamos nossa criatividade no último grau, as vezes algo não dava certo e improvisávamos, refazíamos, dávamos muitas gargalhadas e às vezes até pedíamos desculpas porque algum fulano faltou ou não teve coragem, meu Deus, era muito bom...

Ao final do dia estávamos mortas, mas tão felizes e realizadas como grandes atrizes na coxia de um espetáculo.

Esse lance do cirquinho continuou com minhas irmãs e primas mais novas, era muito divertido, acho que nunca tiramos nenhuma foto, mas os registros em minha memória são sensacionais.

Deixe seus filhos usarem e abusarem da imaginação, participe com eles, minha tia costurava, se envolvia nos acontecimentos, tia Carmem cedia as funcionárias para fazerem os doces, elas contratavam alguém para roçar e limpar o quintal para nós, era tão bom, e com isso íamos fortalecendo nossos vínculos, criando elos, entendendo quem éramos, como gostávamos de atuar na vida, se éramos os administradores, protagonistas, atores coadjuvantes ou apenas plateia. Pois é na infância que nos desenvolvemos, que abrimos espaço para nosso sonhos, para nossa personalidade aflorar, se desenvolver e ser lapidada no convívio com outras crianças, isso faz uma infância saudável, um jovem coerente e um adulto emocionalmente forte: a possibilidade de se relacionar, de se frustrar, de ser rejeitado às vezes ou de ter que negociar uma posição, por exemplo.

Ah tem uma coisa muito legal que eu aprendi com minha tia e repeti quando criei minhas filhas: eu nunca me meti em briga de crianças, e às vezes se eu chegava até minha tia com "mimimi" ela não intervia, só dizia: "você sabe resolver, volte lá e fale com a fulana, vocês vão resolver da melhor forma possível, tenho certeza que você é capaz". Dessa forma fui criando recursos para me posicionar, me defender e me situar diante das adversidades da vida, e isso é algo muito importante, posso transitar por qualquer lugar, do mais fácil ao mais desafiador, não tenho dificuldades em me posicionar e criar vínculos, aprendi isso brincando e vivendo sem ficar dentro de uma bolha.

Sobre aceitação, posso dizer que fomos muitíssimos bem recebidas, fomos adotadas não só pela tia Nena, nossos tios e primas, fomos acolhidas por uma cidade inteira e isso é tão grandioso, deve ser por isso que sempre estamos sorrindo, felizes e de bem com a vida. Tivemos muitas mulheres especiais além da tia Nena e das nossas irmães como referência, isso é fantástico, somos o resultado de um mix de amor, como um lego multicolorido.

Existia um olhar especial das pessoas em relação a mim e minhas irmãs, todos tinham cuidado conosco, um olhar generoso e bondoso e isso ajudou a fortalecer nossa identidade, talvez nos sentíamos filhas de muitos pais e muitas mães e realmente não nos faltou amor.

D. Lina foi uma mulher super presente em nossa vida, era bem amiga da tia Nena e sempre passava em casa para prosear, tia Maria, do Vô Luis (o sogro da minha tia), também sempre foi muito querida por nós, ela gostava muito da minha mãe e estendeu esse sentimento a nós 3.

D. Geny, nossa vizinha de esquina, era uma querida, como era amorosa, ela desembaraçava meu cabelo e o colocava viradinho para baixo.

D. Edith, irmã da D. Lina, que ajudava na igreja, era uma mulher muito culta e especial, tocava violão e cantava divinamente, eu adorava ver a D. Edith cantar. Quantas mulheres especiais passaram pela nossa vida.

# O amor é doce

Sebastião Paglione era o nome dele, "tio Bastião", e, para a grande família echaporense, "Bastião do Posto", o homem mais doce e generoso que tive a oportunidade de chamar de tio e sentir como pai.

Era o irmão número 3 da família de Paulino Paglione e Dorzolina Donegati Paglione, meus avós paternos. Um homem simples, de alma boa e generosa, coração ensinável e muitas dores já vividas.

Casado com a tia Nita, pai da Luiza Helena, Rosana, Márcio e Cláudia, nossos primos queridos da rua depois da delegacia, uma rua especial onde também morava Dona Lina.

Tio Bastião sempre foi presente no meio da mulherada, tinha sido um baita parceiro para minha tia Nena quando ela ficou viúva, foi um tio bem presente para Isa, Elcia, Selma, Meire e Lígia e agora iria repetir o feito auxiliando na criação das "meninas do Lói" (esse era o apelido carinhoso dado a meu pai pelos irmãos e alguns amigos mais íntimos).

Logo que meus pais morreram, o Bastião deixou o bigode crescer, assim a Pri (nossa caçulinha), poderia ver nele o nosso pai, e assim foi...

Ele tinha um posto de gasolina em uma esquina no centro da cidade, perto do Zé Lopes e do Armazém do Sassaki.

Aos sábados buscávamos a mesada lá no posto, ele sacava do bolso aquele pacote de dinheiro, nos dava um trocado e com esse dinheiro íamos ao cinema, ou tomar sorvete, eu nem sei direito quanto era, ou quanto valia, mas eu sei que representava muito, representava segurança, alegria, conforto e até um certo poder...

No posto havia uma mesa de madeira com vidro por cima e muitas fotos e recortes de jornais, era um lugar peculiar, sempre do mesmo jeitinho, como ele.

Uma pinta no canto direito da boca, uma medalha de Nossa Senhora na corrente longa, a camisa semi aberta, até a altura do coração, o mesmo estilo, mesmo jeitinho a vida toda, óculos, um lenço no bolso da calça, zoinho caído.

Sua alma era linda, seu coração estava sempre aberto e seu sorriso, mesmo que tímido, era o mais acolhedor do mundo.

As quartas feiras ele entrava pelo corredor lateral da nossa casa assoviando (sempre dois toques), e nos levava 1 barrinha de Diamante Negro, uma para cada. Era uma simples barrinha de Diamante Negro de 30 gramas, mas representava tanto. Aquele chocolate vinha com tanto acolhimento e calor, significava um prazer, uma coisa boa e hoje entendo, liberava nossa dopamina (ou endorfina, fiquei em dúvida). Ele chegava por volta das 20:00 quando estávamos terminando o jantar e lavando a louça, era a hora mais gostosa do dia, ele sentava um pouco, conversava com a Nena, pegava a Pri no colo, pois era a caçulinha, e por ali ficava uma meia horinha ou 40 minutos, mas se fazia presente o tempo todo dentro de nossos corações.

Esse foi o representante do nosso pai, um tio de coração gigante, leve e suave... Às vezes, se déssemos algum trabalhinho na escola ou fizéssemos alguma bagunça em casa, minha tia falava: "vou chamar seu tio Bastião", significava que a coisa apertou, normalmente ficávamos ansiosas com o convite para essa conversa, mas eram as broncas mais generosas que poderíamos ter, hoje eu imagino que ele teria pena de nós e não gostaria em nenhum momento de nos machucar ainda mais, por isso as broncas terminavam em longos abraços e muitas vezes algumas lágrimas.

Como é bom se sentir amada!

Vou fazer uma reflexão sobre as nossas "bagunças", a Ju era a mais arteira, colocava fogo no lixo do banheiro, estava sempre indo para o hospital dar pontos no queixo, na testa e até na perna, era curiosa, ousada e destemida e também gostava de chamar atenção.

Penso que "as artes" das crianças são tão interessantes, sabe. Como você lida com as artes dos filhos?

Você os deixa livres para fazerem descobertas, dentro de alguns limites é claro.

Você estimula seu filho a pensar e a ter liberdade?

A vida no interior é bem rica, temos a natureza inteira à nossa disposição, sem perigo algum, sem riscos de roubo, mortes... a rua era nosso palco, e vivíamos em uma liberdade ímpar que nos fez crianças saudáveis e felizes.

# Quem eram as 9

Eloiza, a chamamos de Isa, é a filha mais velha das 5 originais, na época tinha 28 anos, a Isa era casada com o João e tinha uma filhinha, a Isabela, na época com 3 aninhos, e o Guga com 6 meses, depois ainda teve o Rafa.

A Isa era professora, morava na rua da escola, mas sempre passava em casa, me lembro de algumas vezes ir a São Paulo com a Isa e com o João levar a Isabela ao médico e foram as primeiras vezes que andei de trem, eu amava, tudo era novo e muito divertido.

Mais à frente fui garçonete na pizzaria que ela e o João tiveram (eu tinha uns 14 ou 15 anos), foi meu primeiro trabalho e aprendi muito: como tratar os clientes, como amansar os estressados, como servir com gentileza as pessoas. (Isa, mesmo que você não perceba, saiba que aprendi muitas coisas boas com você).

Elcia era a filha número 2, tinha 27 anos, era casada com o Toninho, mãe do Luís Felipe, com 1 ano e meio na época, depois ainda chegaram Pedrinho e Maria Helena.

Eram padrinhos de batismo da Juliana (minha irmã do meio), eram encarregados de levar a Ju no oftalmologista, que na época era em Curitiba ainda, a Elcia era professora também, morava descendo a rua de casa uma quadra depois da praça. Excelente cozinheira e prendada no último grau, na minha adolescência ela que me levava para comprar roupas e tinha muita paciência: rodávamos Assis e se precisasse ìamos até Marília, acho que compreendia as angústias de um adolescente tentando se encontrar nas roupas que usaria. (Obrigada Élcia pela sua generosidade e paciência comigo).

O Toninho foi quem me ensinou a dirigir, e também era o “arrancador” oficial dos dentes de todas as crianças, ele era doido por um dentinho de leite molinho, era paciente com as crianças, tinha e tem um coração generoso.

Selma era a filha número 3, casada com o Dedão, em 1980 tinha a Raquel e a Karina, depois ainda chegaram o João Victor e a Lara.

A Selma morava do lado da casa da Maria Tereza do Claudião, lá embaixo, depois se mudou algumas vezes para outras casas, foi minha professora de matemática por 2 anos, era bem atuante no que diz respeito a nossa educação e ajudava nos limites e ajustes sociais: tipo não encher o copo de refrigerante, oferecer o lugar para um adulto se sentar, não passar o braço por cima da mesa de refeição e muitas outras coisas. Tem um fato interessante que nunca me esqueço, eu devia ter uns 9 anos e estávamos a caminho do circo que tinha na cidade, eu ouvi uns meninos na rua falando camisinha e gritei para Selma "o que é camisinha?", no meio da rua e os meninos caíram na risada, sem saber o significado dessa palavra ainda eu caí no choro e ela me abraçou forte e sussurrou no meu ouvido "camisinha é uma camisa pequena eu não sei porque eles estão rindo", fique aqui comigo que vamos comer maçã do amor. (Selma, talvez você nem lembre, mas esse seu gesto foi tão importante para mim, me senti amparada e protegida por você. Obrigada por todas as vezes que não desistiu de nós, nos educando e nos fazendo mulheres decentes).

O Dedão era carinhoso e muito participativo em nossas vidas, era delegado em Assis e quando ganhava camarote para os circos e parques, era uma verdadeira festa, levava toda a criançada. Ele tinha um bigode (igual meu pai), acho que isso nos aproximou do Dedão, mais tarde o chamávamos de Deds. (Deds, eu te amo para sempre!)

A família do Dedão morava em Cândido Mota e frequentemente íamos à chácara do irmão dele, o Roberto, onde havia sido a antiga fábrica de farinha da família, era muito divertido, eu nem sei como andávamos tantas crianças em um só carro, nada era difícil e não havia empecilhos, as crianças estavam sempre juntas, um cuidava do outro, brincávamos, brincávamos, inventávamos histórias em todas as ocasiões e éramos muito felizes, o Dedão tinha uma família grande, eram uns libaneses alegres, faziam festas diferentes, com uma dança segurando um lencinho, eu achava tão especial e diferente, eles faziam um barulho divertido com a boca e amavam dançar.

Meire era a filha número 4, tinha 22 anos, quando nos mudamos ela fazia psicologia na Unesp em Assis, e foi muito presente na nossa vida, principalmente no primeiro ano, quando desacelerou a faculdade por um tempo para ajudar minha tia na adaptação das 3 meninas.

Nessa época a Meire já namorava o Paulo, com quem se casou futuramente e tiveram o Paulinho e Marina. Tem uma curiosidade a respeito do Paulo (o pai do Paulo morreu no mesmo acidente que o pai da Meire, eram muito amigos e sócios em alguns negócios), ele é filho da d. Lina, aquela senhora que eu quero ser igual quando eu crescer (ela adora quando falo isso, e nunca esquece) e irmão da Márcia, uma grande amiga minha, confidente, conselheira e depois comadre. (Meire, não tenho palavras para te agradecer, posso viver mil vidas, não dá tempo de demonstrar minha gratidão.)

A número 5 era a Ligia, tinha 19 anos e fazia jornalismo na PUC em Campinas, na época não pôde participar ativamente da rotina, mas sempre foi muito amorosa, carinhosa e presente, a Lígia já namorava o Zé Beto, com quem se casou e foram morar em Santos, eles nos levavam para passar as férias na casa deles, enchiam o carro de crianças e lá íamos, eu, Ju, Pri, Raquel, Isabela e Karina, com eles comemos McDonald's pela primeira vez, pegamos a rodovia Castelo Branco e a Isabela ficou procurando o Castelo, comemos fondue, caranguejo e mariscos, fazíamos programas de gente grande, bem modernos, diferente dos programas que estávamos acostumadas a fazer.

Alguns anos depois eles tiveram duas filhas: a Beatriz e a Heloisa. Eu morei com eles em Santos quando fui fazer faculdade de arquitetura e pude vivenciar a rotina de uma casa com pai, mãe e filhos. Era um casal tão querido e acolhedor, continuei aprendendo muito a respeito de família, amor, cuidados e organização de uma casa. (Obrigada, Lígia por tantas oportunidades, mesmo longe você sempre esteve perto).

As outras 3 somos eu, Juliana (Ju) e a Priscila (Pri). A número 6 sou eu, como sabem, na época, com 7 anos, sonhadora e apaixonada pela vida, eu sempre gostei de pessoas, de cuidar do outro, eu tinha enraizado o verdadeiro sentido da mãe e fazia esse exercício diariamente com minhas irmãs. Hoje eu penso que aos 7 anos, assim como a minha tia Nena adotou 3 meninas, eu também adotei as minhas 2 irmãs.

A número 7 era a Juliana, tinha 4 aninhos e acabara de fazer uma cirurgia nos olhos. Como já disse, inteligente, perspicaz, miudinha, exploradora da vida, xereta, rápida e ágil, e ao mesmo tempo tão doce, sempre muito leve, apesar de bem arteira.

Pri era a número 8, tinha apenas 1 anos e dois meses, cabelinho curto, meio ruivinha (cabelos castanhos que brilhavam em vermelho ao sol), era uma fofa, a Pri tinha covinha de um lado do rosto, ela avistava na rua uma mulher de cabelos longos e dava os bracinhos chamando: mamãe. A Pri era a caçulinha de todas nós e usufruiu muito desse papel, como era brava e mandona, acabávamos cedendo para acomodar e fazer as coisas do jeitinho dela.

Para completar as nove mulheres dessa história, terminarei com a Tia Nena, a matriarca, uma senhora muito íntegra e respeitada na cidade, ficara viúva aos 36 anos e criou 5 filhas (a mais velha com 13 e a caçula com 3 na época), com muita força, determinação e coragem, pôde contar com a ajuda dos seus pais e seu irmão Sebastião. Em 1980, das 5 filhas, 3 já eram casadas, tia Nena já tinha 4 netinhos, a fase mais desafiadora de muitas dores e dificuldades estava bem mais amena, poderia entrar em um momento de desfrute, descansar um pouco, usufruir das coisas boas da vida, já que tinha lutado tanto para chegar até aquele momento, manter e criar as filhas, sobreviver às adversidades da vida, mas sua missão e propósito de cuidar e de servir obviamente falaram mais alto e nesse momento recomeçara com o papel de "mãe e tutora" de mais 3 mulheres.

A tia Nena nunca foi uma mulher calorosa, mas tinha uma forma muito peculiar de nos cuidar, cuidava da nossa alimentação (era excelente cozinheira), da nossa índole, nos presenteava diariamente com palavras e frases sábias que aprendera no decorrer da vida nas próprias experiências.

Tinha uma forma especial de cuidar dando limites, dando educação e ensinando fortemente princípios (dos quais jamais abriria mão), nos dava o exemplo de generosidade em doar seu tempo, seus aprendizados e sua sabedoria, não era de uma forma doce, era dura, rígida, do jeitinho dela, era a forma perfeita para nós 8 e nunca se corrompeu, foi do início ao fim uma mulher digna, forte e destemida.

Na verdade me sinto privilegiada, obviamente todos queremos ter nossos pais por perto e o desejo de sermos criados por eles, no meu caso não pude ser criada pelos meus pais biológicos, mas me sinto privilegiada, pude ter muitas mães, alguns pais e tive a oportunidade de observar as características de várias famílias, sempre me senti um pouco filha de todas elas e seus maridos, das 6, sem contar a Cláudia e a Márcia, minhas grandes amigas. Aliás, existe um fato curioso, um sentimento muito especial naquela cidade: todas as pessoas cuidavam de nós 3, éramos queridas por todos, meu pai nascera em Echaporã, tinha uma história naquela cidadezinha, o carinho se estendeu a nós 3.

Eu sempre fui bem observadora e tinha um olhar amoroso para as situações, eu consegui captar e usufruir o que cada um dentro daquela família tinha de melhor e a possibilidade de "montar" um formato de família dentro de mim.

# Dormindo de mãos dadas

Como já disse, tive a oportunidade de ter muitas mães e alguns pais, com isso filtrei as coisas que mais gostava de cada um que passou por minha vida e nunca fantasiei que meus pais seriam perfeitos, acho que foi uma grande sacada para não passar a vida frustrada, obviamente nada disso foi consciente, eu simplesmente aceitei o que a vida me ofereceu, aprendi sobre flexibilidade, ajustes e um bom convívio.

A história está lá atrás, mas as lembranças são bem frescas quando penso em tudo, existe uma coisa que não desisto de sentir, o AMOR.

Todas as pessoas são importantes e completam essa grande família, mas existe uma que literalmente nos deu as mãos, é a quarta filha da tia Nena, o nome dela é Meire, como já disse, na época era estudante de psicologia em Assis, então já tinha conhecimentos a respeito de dores, traumas e afins, mas o que ela mais tinha e ainda tem era um coração generoso e cheio de doação, hoje entendo como a vida lhe retribuiu com uma linda família, filhos maravilhosos e por hora 1 netinha linda e perfeita (logo virão mais), um dos corações mais generosos e leves com o qual me deparei na vida.

Nossa casa era assim: a garagem e depois uma varanda, ao entrar na sala o jogo de sofás listradinho nos tons de terra (não tinha braços), na mesma sala tinha um piano, sala de jantar com uma estante e buffet escuros, ao lado uma vitrola, à esquerda era o caminho para a cozinha e depois o quintal. Do outro lado tinha o quarto da Meire que dava para sala e seguíamos um corredor que dava para o quarto do meio, que foi montado para mim e para a Ju (trouxeram nosso quartinho de Maringá), era um jogo branco com guarda roupa, cômoda e 2 mesinhas de cabeceira. No terceiro quarto dormia minha tia em uma cama de solteiro com colchão duro, tinha uma cama de casal, "a famosa camona", onde dormíamos amontoadas aos finais de semana: tinha também o berço da Pri, fora isso tinha uma cômoda e dois guarda-roupas, no final do corredor o banheiro com revestimento em tons de rosa e as louças verdes (me lembro como se fosse hoje) com um espelho bem grande sobre a pia e um box de acrílico fumê, tudo isso é só para ilustrar o ambiente, mas o conto aqui é o sentimento.

Obviamente ficamos assustadas e carentes, natural para uma situação como essa. A Pri via na rua alguma mulher de cabelos longos como da nossa mãe e dava os bracinhos e chamava de "mãe", meu tio Bastião deixou o bigode crescer para ficar parecido com meu pai, penso que para os bebês a adaptação talvez seja mais fácil, logo já entendeu que a tia Nena seria sua mãe e assim a chamou por toda vida.

Para mim e para a Ju foi mais doloroso: nesse tempo dávamos um certo trabalho à noite, pois vinha a angústia, a insegurança e a saudade, que foi carinhosamente se amenizando a cada dia com a presença constante da Meire, que colocava seu colchãozinho entre nossas camas e dormia de mãos dadas com as duas, comigo e com a Ju.

Às vezes eu pegava no sono antes, mas às vezes presenciava a Juliana passando os dedinhos na parede noite adentro e pedindo: "eu quero minha mãe".

Esse vínculo criado com a Meire nunca foi quebrado, aos 22 anos aquela jovem havia sido escolhida para ganhar 3 filhinhas, a mãe oficial era a Nena, e exercia esse papel com muita maestria, ela era a força, mas o colo era o da Meire, o acolhimento. Sabe quando você pode compartilhar uma dor? Então, era isso.

Até hoje é assim, ela nos protege, nos guia e nunca desistiu de nenhuma de nós, na alegria ela sempre festejou nossas vitórias e na tristeza continuou nos dando as mãos.

Minha tia Nena não dirigia mais nessa época (só quando pedíamos muito, daí ela dirigia na fazenda), por isso a Meire nos levava aos médicos, psicólogos, etc. Ela tinha o apoio das irmãs também, mas assumiu mais de perto a função.

Eu sempre digo, amor é um sentimento muito mágico, ele ganha força, ganha forma e ganha vida, ele faz milagres, move montanhas e é capaz de mudar o mundo, pelo menos, naquele momento, o nosso mundo, ao perder a única coisa que tínhamos. O nosso mundo pode ser mudado através da generosidade de uma mulher e de suas filhas, através da voz de Deus e do Espírito Santo, ouvida por aquela mulher que, mesmo diante de tantas perdas já vividas, entendia perfeitamente o sentido das palavras: família, união, força, doação, amor e coragem. Hoje eu entendo que toda sabedoria vinha direto da fonte, vinha da sua sede de entendimento e da sua garra para cumprir mais essa missão, de criar as filhas do irmão que ela tanto amou.

# Casa de vó

Meu coração transborda de alegria ao escrever esse capítulo, eu desejo tanto que você que está lendo esse livro tenha curtido seus avós e que possa ter dado essa oportunidade a seus filhos. Estou tentando descobrir o que há de mais puro, sincero e doce do que o amor dos avós.

E agora com muito amor vou contar dos meus...

Como disse, meus pais eram "raspa de tacho" então não tive a presença dos avós maternos (minha avó morreu quando minha mãe estava grávida da Juliana, eu tinha 2 anos), e meu avô se foi um tempo depois. Quando pequenas íamos de Maringá para Echaporã visitar os avós paternos, os tios e primos por parte de pai, passávamos Natal, Páscoa, dia dos pais e das mães, essas datas tradicionais e mais à frente fomos morar em Echaporã, pelas circunstâncias que vocês já conhecem...

Rua Paraná número 46...

Era a verdadeira casa de vó, uma casinha branca, com varandinha, portão e gradil baixinho, na época havia rosas no jardim da frente, duas cadeiras daquelas de ferro e tirinhas fininhas de plástico, muitas plantas e um frescor cheiroso ao abrir o portão.

E também um quintal grande com horta, trepadeira de xuxu, todos os chás da face da terra:

de hortelã a capim cidreira, passando por melissa, camomila, boldo e espinheira santa, acho que era uma farmácia natural aquela casa, mas o ponto forte era a goiabeira, sim, uma linda, imponente e formosa goiabeira perto do tanque, lá no quintal.

Como curtíamos aquela goiabeira! Ficávamos "entupidas" de tanta goiaba, almoçávamos goiaba, jantávamos goiabada, e dá-lhe vitamina C, que delícia! Zero agrotóxico, casca fina e miolo rosinha, era sedosa, a goiaba mais maravilhosa que já comi em toda a minha vida, suculenta, vermelhinha, posso sentir o cheiro e o sabor exatamente nesse momento.

Meus avós eram velhinhos, era um casal simples, tão amáveis, tão sofridos, mas tão amorosos.

Meu avô Paulino era mais quietinho, um "Palhoni" mais calado, veio da Itália aos 9 meses com seu pai e uma ama de leite, pois sua mãe verdadeira morreu no parto.

Minha avó, Dorzolina (nós a chamávamos de Vó Zulina) mais calorosa, sempre sorrindo, e com uma doçura no olhar que eu não encontrei até hoje em nenhum outro olhar (talvez no olhar do tio Bastião), eu acho que ela era semi-santa, ela benzia as crianças contra mau olhado, quebranto, bucho virado, essas coisas de antigamente. Quando a criança adentrava a casa, já tinha lá na cozinha um prato fundo com água e azeite e lá ela fazia as orações, eu achava minha vó uma mistura de fada e de anjo, porque a paz que existia em seu olhar e em seu semblante curava qualquer dor e acalentava qualquer sofrimento. Que pessoa especial, que ser humano puro, doce, ela tinha o "zoinho" apertadinho, caidinho, e um sorriso tímido mas sempre cheio de bondade, cheirinho de vó é bom, voz de vó é bom, comida de vó e bom, quintal de vó é bom, doce de goiaba de vó é bom, mas amor de vó, hum, eu acho que é o melhor dos amores...

Vivíamos muitas aventuras no quintal da casa daqueles avós, não havia noite de netos, pois já eram muito velhinhos, mas aquele quintal era mágico, embaixo da trepadeira de chuchu, eu e minha amiga Zi fazíamos expedições, "troglodita medita na ponta da pepita", repetíamos essa frase que nem sei de onde veio, era nossa floresta amazônica, arrancávamos um pedacinho de cada erva para cheirar e fazíamos experiências.

Vó Zulina servia um chazinho, um bolinho de fubá que obviamente tinha gostinho de casa de vó, às vezes arriscávamos arrancar as tiriricas (erva daninha, tem lugares que é conhecido como picão) para ela, mas durava 5 minutos e ela toda paciente dizia: "deixa para lá depois a vó tira..."

Minha vó morreu uns anos depois que nos mudamos para Echaporã de um câncer de pele que tomou parte de sua face, sempre cheia de fé, morta de dor, disse quase indo embora, "Jesus teve dores ao carregar sua cruz, essa é a minha cruz", uns meses depois meu vozinho também se foi, não deu conta de viver sozinho.

Não prive seus filhos do amor dos avós, se você tem diferenças com sua mãe ou sua sogra não deixe que isso separe seus filhos desse amor que tanto preenche, que tanto ilumina. Se esforce para estarem juntos, promova encontros, incentive esse amor, essa convivência tão rica, cada minuto é muito valioso.

# Irmãe
# uma palavra vivida

IRMÃE, faz parte do vocabulário "valeriez" esse é um termo que inventei, mais tarde vi que no dicionário informal significa "uma mistura de irmã com mãe, associada a muito carinho e dedicação".

Irmãe é cuidar, é proteger, é amar, é ensinar, é não ter tantas obrigações de mãe e nem tanta liberdade de irmã, ser irmãe é o melhor papel que eu exerci, sempre com muita responsabilidade e amor, assumi com muita honra e imenso prazer essa função desde meus 7 anos.

O ano não me lembro exatamente, mas eu tinha em torno de 10 anos, a novela das 18 era uma novela de época onde as moças tinham os vestidos rodados e faixa no cabelo, as estampas eram de poá e eu vivia um sonho encantado me sentindo todas elas.

Dormíamos em torno de 21:00, por isso jantávamos bem cedo, também não me lembro em que momento isso começou, mas eu era a responsável por preparar o jantar para as minhas irmãs em alguns dias, obviamente estava tudo no jeito, comíamos o mesmo alimento do almoço, salvo alguns dias que minha tia fazia uma sopa de legumes com macarrão, ou sopa de feijão.

Normalmente eu preparava um mexidão, fazia os ovos, acrescentava arroz, feijão, queijo e tomate, sujava só uma panela, o que facilitava bastante meu trabalho.

Às vezes eu deixava queimar, pois voltava correndo para a TV quando acabava o intervalo da novela que eu amava assistir.

Às vezes eu reclamava e pensava: por que tenho que fazer isso? Mas tia Nena, na sua impecável sabedoria estava me treinando, para cuidar de uma casa, para cuidar de filhos, para ter responsabilidades sobre um lar, estava me treinando para dar conta da vida.

Eu dava banho na minha irmã caçula e ela se lembra até hoje da água que escorria do meu cotovelo e ela ficava embaixo porque fazia uma cachoeira, eu cortava as unhas da Pri, às vezes arrancava um canto, eu lembro que eu pensava "vou cortar bem curta porque daí demora mais para crescer".

Minha tia não gostava que acordássemos tarde, nem nas férias, na época eu não entendia porque entrávamos em férias e ela dava as ordens "vamos arrumar os armários, doar as coisas que não servem mais, vamos organizar a casa", no meio e no final do ano.

Nossas bicicletas eram passadas da irmã ou prima mais velha até a última, os casacos bons e bem quentinhos, todas usavam (tinha um vermelho de veludo com botões dourados) fazíamos passagens de roupas e coisas boas de uma para outra, sempre emprestávamos os pertences umas às outras, compartilhávamos os objetos, os sentimentos, as dores, as alegrias, éramos unidas pela vida com respeito e hierarquia muito bem definidos.

Sabe que escrevendo o livro fiz uma descoberta, se minha tia me chamasse por qualquer nome eu atendia porque família grande é assim, até acertar o nome de quem se quer exatamente é um longo trajeto.

Era uma vida comum, com direitos e deveres claramente estabelecidos, a vida seguia seu curso com fé, coragem e uma boa dose de irmandade, esse era um sentimento bem presente entre as 9, não havia muitos questionamentos, era o que deveria ser e ponto.

A gente se cuidava bem, nos defendíamos dos perigos da vida, trocávamos pneu, trocávamos o gás, a lâmpada, nós mesmas corríamos atrás da barata ou outro intruso qualquer. Aprendemos a pensar e agir, tomávamos decisões, das mais simples às mais complexas, éramos protagonistas de nossas histórias.

Existe uma passagem simples e bem interessante, a Pri devia ter uns 9 anos e eu uns 15, não me lembro exatamente, ela queria um confete e me pediu para comprar, eu disse: "vai você, você sabe falar, você tem o dinheiro, precisa de mim para que?" É assim que aprendi, é assim que ensinei, "se vira minha filha".

# Natal, dias das mães, sexta feira santa

Quem tem família grande vai entender exatamente as cenas que vou descrever abaixo. Que delícia eram nossos encontros nas festas de final de ano, no dia das mães, da famosa feijoada, as sextas santas, dia do bacalhau e todas as outras festas do ano.

A coisa mais linda e gratificante é você preparar a sua casa para receber as pessoas que você ama, tia Nena nos envolvia e nos motivava a preparar a nossa casa: novas receitas, novos arranjos na mesa, novas louças, novas sobremesas, novidades e novidades mescladas às velhas e tradicionais receitas de família..

Eu acho que na nossa casa não havia encontros com menos de 25 pessoas, mesmo que fosse um simples almoço aos domingos, a demanda era forte, nossa casa nunca era silenciosa, sempre havia alguém feliz, alguém mais triste, um mais encardido brigando, um correndo, um inventando moda, uma criança fazendo arte, uma chorando, imaginem, durante anos havia sempre uma grávida, um nascimento, um batizado, uma primeira comunhão, era muito interessante. Hoje vejo nossa união e cumplicidade, mas na época simplesmente era aquele vuco-vuco (bagunça, misturada com barulho), que aliás, eu morro de saudades, e a gente nem raciocinava direito, de tanta gente falando ao mesmo tempo.

Mas vou falar dos nossos encontros, que eram tão comuns, mas sempre mágicos. Aos sábados havia os preparativos para o almoço do domingo (isso em semanas normais), fazíamos uma sobremesa, deixávamos as carnes temperadas, houve vezes que fazíamos as massas, mas depois fomos modernizando, minha tia sempre teve ajudantes, mas ela gostava de coordenar, dava o tempero final em tudo, e alguns pratos só ela fazia, como o tutu de feijão por exemplo.

Moramos em três casas no decorrer dos 9 anos que se passa esse livro (pois depois fui fazer faculdade fora e minhas idas para Echaporã eram mais escassas).

Moramos na Rua Santa Catarina 60, na Rua Paraná 46 e depois voltamos para Santa Catarina 60, mas a primeira foi demolida e no lugar construiu-se um sobrado com uma escada à direita do hall de entrada, aquele era nosso lugar preferido, atrás tinha um jardim de inverno, então o hall era muito iluminado e gostoso de ficar, o piso era frio e ficávamos deitadas, uns ao lado da escada, outros embaixo. Havia algumas poltronas, mas eram para os mais velhos, e lá ficávamos, que delícia que são encontros com tios e primos, aquela casa sempre foi movimentada e cheia de surpresas, como aprendi sobre flexibilidade, doação, servir e principalmente sobre família e o verdadeiro e principal sentido da palavra... Amor.

Bom, mas vamos para os quitutes:

Os Natais eram lindos, a casa estava sempre muito enfeitada, com luzes, na maioria dos Natais fazíamos amigo secreto, mas mesmo os que não fizéssemos, todos ganhavam presentes, às vezes mais de um, a mesa era farta, colorida, enchia os olhos, o olfato, o estômago e o coração, como eram deliciosas essas festas. Dava um certo trabalhinho, minha tia era caprichosa, sempre tinha medo de faltar comida, porque naquela casa qualquer pessoa que chegasse era bem vinda, era um ilustre convidado e poderia compartilhar das nossas festas. Aprendi sobre educação (nunca ficava sentada sem oferecer o meu lugar para um mais velho, e nunca enchia o copo de refrigerante, a ordem era copo somente até a metade, não enchíamos o prato para deixar sobrar, colocava-se pouco e quem quisesse repetia.)

Aprendi sobre receber, arrumar a casa e organizar os móveis, as louças, colorir e perfumar o ambiente e deixá-lo agradável, é assim que oferecíamos e oferecemos até hoje a nossa casa para recebermos alguém.

Aprendi sobre servir, trabalhávamos duro para que nossas festas fossem agradáveis, minha tia nos treinava para que cuidássemos das entradas, ficar de olho se as bebidas estavam bem servidas e de recepcionar alguém que acabara de chegar.

Aprendi sobre simpatia, ser gentil com todos, nunca deixar um convidado deslocado, ou mais quieto, trazê-lo sempre para a roda, oferecer uns minutos do meu tempo, ser um bom ouvinte e ser caloroso com alguém novo em casa.

O cardápio do Natal era o melhor e mais colorido de todos, mas o prato que nunca faltava era a perna do carneiro ao molho de mostarda. E tinham mais entradas, como nozes, mousses salgados, frutas secas mas a perna era a favorita, e os homens acabavam com ela em poucos minutos, para os pratos principais sempre havia um salpicão ou salada tropical, um arroz, às vezes um arroz mais elaborado, nas carnes tínhamos leitoa (aquela com pururuca), peru e tender (mas minha tia fazia para cumprir tabela pois achava meio seca essas carnes), uma massa (rondelli ou sofiatelli), torta de frango ou camarão. Nas sobremesas do Natal nunca faltava a mousse de nozes que a Elcia levava, entre muitas outras que enfeitavam o buffet de sobremesas.

A apresentação era impecável e sempre fomos ensinadas a nos servir por último, primeiro os mais velhos, as visitas, o fulano e ciclano.

A mesa da sala de jantar era enorme e normalmente os adultos se sentavam nela, mas tinha outra mesa bem grande na cozinha e mais uma no balcão que cabiam algumas banquetas (esse balcão aos domingos servia de aparador) as festas maiores fazíamos sempre na sala principal com a sala de jantar, lá tinha umas portas de vidro que davam para a churrasqueira no quintal.

O mais engraçado de todos os encontros é que poderíamos preparar a casa toda, mas todo mundo ficava empoleirado na escada e na hora de comer era a cozinha nosso local preferido.

Era uma fartura tão grande que obviamente sempre sobrava, a mesa era linda, a Isa puxava uma oração, sempre agradecíamos o nosso pão e pedíamos a Deus "dai o pão a quem não tem", que engraçado eu achava na época uma oração decorada e boba, mas quanto significado tinham aquelas palavras, tínhamos perdas, dores, faltavam muitas pessoas, mas tínhamos pão, tínhamos uma mesa, uma família, tínhamos sentimentos fartos, nobres, bonitos, alegres e éramos muito gratos por tudo isso.

No dia das mães era a famosa feijoada, eu acho que minha tia demorava uns 3 dias para prepará-la, fervia de um jeito e depois de outro, era aquela feijoada bem tradicional, eu lembro que ela cozinhava com uma ou duas laranjas inteiras dentro e dizia que era para tirar a gordura, era um caldeirão de feijoada, e todos os acompanhamentos: arroz, torresmo, caldinho de feijão mais ardidinho, laranja, couve fininha e feita na hora.

Sempre tinha a briga para lavar louça (com o passar dos anos tínhamos máquina de lavar louça) e sempre tínhamos ajudantes, mas fazíamos um trabalho em conjunto e hoje entendo o quão bonito é esse gesto, as ajudantes do domingo ou dias de festa ganhavam sempre o dobro de um dia comum, ganhavam uma carona para casa e iam embora cheias de travessas, minha tia era muito generosa, nada era retido naquela casa, tudo fluía, absolutamente tudo...

A Sexta Santa era uma data bem esperada, significava que no domingo ganharíamos os ovos de Páscoa. Tinha um ritual, a primeira coisa era ir na

Hora Santa, (aquela data em que cobriam a estátua de Jesus ressuscitado com uma cortina roxa.)

Nesse dia o cardápio era sempre bacalhau, o da minha tia era aquele bem tradicional (acho que chama Gomes de Sá) com as postas bem generosas e as folhas de couve inteiras, nadava no azeite e azeitonas pretas das mais graúdas, e obviamente as batatas cozidas, tomate e o ovos para finalizar o sabor e a decoração do prato.

Na Sexta Santa normalmente tinha vinho, mas as bebidas eram sempre muito moderadas, mais tarde com a chegada de mais genros e netos foi que caprichamos mais com a cerveja gelada.

As sobremesas eram sempre 2 ou 3 tipos, tinha um doce caseiro que era ou abóbora, ou sidra, ou laranja, ou doce de leite, ou aquele de mamão enroladinho.

Às vezes compota de goiaba ou doce de pêssego, dependendo se era época da fruta.

Normalmente, tinha um pudim ou manjar, mas sempre evoluíamos nos quitutes e as sobremesas foram ficando mais elaboradas, como mousses ou pavês.

Poderíamos comer qualquer coisa, a alegria de estarmos juntos em família era o que movia tudo aquilo, tia Nena estava nos criando para sermos matriarcas, mães e esposas, que recebem e acolhem suas famílias, porque ela nos ensinou a arte de receber e todas nós temos apreço e muito orgulho por esse papel.

Vinham as cunhadas da minha tia, a amigona D. Lina, às vezes a tia Maria do vô Luís, as irmãs dos genros, os irmãos, as cunhadas, os primos das namoradas, vizinhos, era muito agregador, acho que é essa a palavra, nossa casa era um ponto de encontro, acho que se alguém se sentisse sozinho poderia dar um pulinho na casa da Nena, sempre tinha gente por lá.

Engraçado, não me lembro de sentir tristeza nessas datas, nem nos dias dos pais e das mães, eu acho que essa "gentarada" e esse monte de trabalho preenchiam um vazio, se ele existisse.

Minha tia sempre conduziu para que todos os acontecimentos fossem naturais, e eram, tínhamos passado por acontecimentos tristes, mas faziam parte da nossa vida, aquela era nossa história, aquelas mulheres tinham um encontro nessa Terra: 9 mulheres, 9 histórias, 9 vivências diferentes, 9 idades, 9 percepções, 9 formas de amar, 9 formas de cuidar, 9 possibilidades...

Como se algo dentro de nós soubesse (e óbvio que sabia), essa é a verdade nua e crua, por pior que fosse, a vida lhes deu isso e com isso farão sua história.

Eu sabia sobre os limões... Aqueles...

Quando a vida lhe der um limão, faça dele uma limona, ou uma caipirinha, como acrescentou a Pri recentemente.

Hoje com mais experiência e conhecimento entendo dessa forma:

"A vida não é o que te fizeram ou o que te aconteceu, a vida é o que você fez com o que te aconteceu", e nós fizemos uma história de superação, de muitas alegrias e muitos aprendizados...

A vida segue e deve sempre seguir, e todos os dias há um infinito de possibilidades, para ser feliz, para fazer alguém feliz, para fazer a diferença no mundo, para aprender e ensinar, todas as manhãs nos renovamos e temos uma grande chance de nos reinventar.

Gosto de dizer e acredito fortemente que a vida é um grande presente: desembale seu presente com todo o seu amor, ele sempre te surpreende.

# Melhores amigos

Tive a sorte de ter muitos melhores e grandes amigos, nessa fase e por toda minha vida. Eu tinha um melhor amigo para cada assunto, normalmente mais velhos, pessoas muito especiais que compartilharam a vida comigo.

Zi (o nome é Graziella), era minha melhor amiga na maior parte do tempo, filha da Neguita e do Dr. Aulo (um dos poucos médicos da cidade), eles moravam a duas quadras de casa, eu morava do lado de cima da praça, depois do cinema, e eles na rua de baixo, bem em frente à praça.

A Zi e o Tato (Renato) eram os gêmeos caçulas do casal (tínhamos a mesma idade), os mais velhos eram o Aulinho e o Du, eu praticamente passei minha infância naquela casa, acho que eu ia todas as tardes lá brincar e no final do dia íamos andar de bicicleta, nas noites de verão jogávamos queimada, polícia e ladrão e também gostávamos de fazer cinturão de mandruvá para jogar uns nos outros (eram aqueles de figueira, que não queimam). Era uma infância bem saudável, aprendi muito com aquela família e fui sempre muito bem recebida, acolhida, respeitada e amada pela família Ramires Júdice.

Quando estávamos de férias podíamos ficar até mais tarde acordados e jogávamos Banco Imobiliário e War, às vezes brincávamos de detetive e outras vezes arriscávamos um baralho. Os meninos eram bem competitivos e levávamos muito a sério os jogos, nos concentrávamos bastante para ganhar.

Junto àquela família aprendi um pouco a conviver com meninos, já que em casa eram somente mulheres, a Zi era uma amiga prática, bem diferente de mim, que era romântica e sensível, deve ser por isso que nos dávamos tão bem, acho que nos completávamos, não competíamos em nada e não me lembro de brigarmos, acho que se tivesse alguma treta era pela pontuação de algum jogo .

Tem uma lembrança simples, mas muito especial, algo interessante que acontecia todas as tardes naquela casa, a Neguita deixava um copo de leite com café para cada um em cima da pia da cozinha. (acho que um deles tomava com Nescau, o meu era com café), eu sei que para ela era somente mais um copo de leite para uma criança, mas para mim era um copo de amor e atenção, posso sentir até hoje o gostinho daquele leite frio com café adoçado de carinho, cuidado e muito afeto.

Às vezes eu dormia na casa da Zi e viajei outras vezes para a praia com eles, a família do Dr. Aulo era do Espírito Santo, a cidade era Marataízes, era uma família grande, feliz e barulhenta, muitos primos com sotaque capixaba que eu achava muito lindo.

A amiga que acolhia minhas dores e sempre me compreendia, me ajudava a pensar e elaborar melhor meus sentimentos era a Márcia Villas Boas, através de nossas conversas eu tive entendimento sobre muitos assuntos difíceis, sempre aprendi com a Márcia, eu amava suas colocações e saía sempre aliviada da casa dela. Nossas tardes eram regadas de café feito na hora e pão caseiro da D. Lina (a mãe dela), a amiga da minha tia, D. Lina, é uma senhora tão interessante ("que eu quero ser igual quando crescer", era uma frase que eu repeti por toda vida). Ativa, cheia de vida e energia, ela dirigia, fazia natação, outra hora musculação, tinha um corpo longo, definido, os olhos azuis e uma alegria contagiante, na casa ainda morava a Edith que eu admirava demais, ela sempre estava envolvida com seus livros, com os afazeres da igreja e era de pouca prosa.

Atravessando a rua tinha minha prima Cláudia (filha do meu tio Bastião), minha melhor amiga para assuntos aleatórios, a Cláudia era a caçula de 4 irmãos, mas com a minha chegada eu virei a caçula dela, era tão leve a nossa amizade. Ela me ensinou a ser baliza da fanfarra, me ensinou a chupar o caroço da manga até o final e deixar branquinho para virar uma boneca. Às vezes passávamos a tarde no quarto delas (da Cláudia, da Rosana e da Luiza Helena), e dávamos risada de tudo, cantávamos uma música em inglês inventada e caíamos na risada. A tia Nita, mãe delas, era super prendada e os quitutes daquela casa eram sempre maravilhosos, meu tio e o Márcio chegavam do posto na hora do almoço e o feijão era sempre fresquinho, aquele feijão bem vermelhinho.

Na cozinha tinha uma mesinha com um cilindro onde elas passavam a massa dos pães, como a mesinha balançava muito, eu me sentava em cima para fazer peso. Quanto amor existia naquela casa.

Danillo Villa era meu melhor amigo para os questionamentos da vida, a gente se afinava tanto, falávamos de tudo, falávamos de assuntos sem resposta, gostávamos de filmes e histórias atípicas. Questionávamos a vida, os amores, e tínhamos tantas expectativas a respeito de nosso futuro, acho que o Danillo era meu confidente para assuntos sem resposta. Compartilhei com esse amigo meus amores, meus medos, minhas vitórias e meus fracassos, não conheci nessa vida alguém tão desprovido de preconceitos como o Danillo.

Danillo morava em uma casa deliciosa, de

tijolinho à vista, lá no fim da rua do posto do meu tio, era uma casa tão fresquinha, com uns coqueiros altos. A dona Cida, mãe dele, tinha um jardim impecável, fazia uma salada de frutas deliciosa, entre outros pratos sempre caprichados. Eu amava aquela casa, tenho lembranças maravilhosas das nossas tardes e às vezes noites de questionamentos.

Luciana era minha prima de Maringá, passávamos todas as férias juntas e era minha melhor amiga para as descobertas da vida, íamos ao clube, à praia, à casa da Sinara, à casa da Rosane, brincávamos com os meninos da casa da frente da dela, fazíamos brigadeiro e jogávamos cartas, as férias eram sempre diferentes, ficávamos apaixonadas pelos meninos do clube, mas eles nunca souberam, porque morríamos de vergonha.

Karina Massud era minha melhor amiga para estudos: era inteligente, disciplinada e estudávamos juntas todos os dias no colegial, ela arrumava a cozinha para dona Nilsen (mãe dela) e depois desse ritual, estudávamos na sala de visitas ao redor da mesinha de centro. Éramos muito comprometidas com os estudos.

Eu tive sempre facilidade em transitar por vários meios e famílias diferentes, aprendi muito com as pessoas, com as dinâmicas familiares e com a formas das pessoas se relacionarem, tinha e tenho facilidade em conviver com o diferente, o improvável e o inesperado, aliás acho esse o grande barato dessa nossa voltinha aqui na Terra.

Isso é algo muito legal que a vida mesmo se encarregou de me ensinar, o respeito e admiração pelas formas diferentes de ser, de viver, de conviver e de pensar, o que mais admiro nas pessoas e nas famílias é exatamente isso, suas formas distintas e seu jeito peculiar de ser.

Não me importo com a política e com a religião das pessoas, consigo explorar as qualidades dos seres humanos, tenham eles nascido em uma família evangélica, católica ou espírita, sejam eles negros, japoneses, gordos ou magros, de esquerda ou de diretia, mais ou menos abastados. Eu realmente amo a diversidade do mundo e das pessoas e acho que essa forma de olhar e respeitar nos fazem seres humanos melhores.

Respeitar o próximo, respeitar as diferenças e a diversidade das pessoas é um assunto bem importante para mim, nossos filhos primeiro precisam ter noção da identidade plena deles, descobrir o que são de verdade e isso já é um grande passo. Às vezes passamos a vida podando e colocando nossos filhos em "caixinhas" não incentivando-os a se descobrirem, e explorarem suas qualidades e a avançarem em direção a seus sonhos.

Penso que respeitar as pessoas da forma que elas são, ter empatia e altruísmo, é um bom caminho.

As pessoas mais lindas que conheço são pessoas que dedicam seu tempo a uma causa, que normalmente envolve outras pessoas, são pessoas desprovidas de preconceitos, são pessoas de alma generosa e que logo cedo se alinharam a seu propósito.

A diversidade é algo muito rico e sempre agrega conhecimento e alguma sabedoria a nossas vivências, ter empatia é se colocar no lugar do outro e entender seus sentimentos, suas dores e seus limites.

Na minha opinião, a vida é maravilhosa e com toda certeza sairemos melhores que entramos nela e esse é o grande barato de viver.

Como você lida com as diferenças?

Você aceita o outro exatamente como ele é?

# As festas da cidade

Haviam comemorações bem importantes em Echaporã e toda a comunidade participava, me lembro bem do aniversário da cidade, que era no final de novembro, tinha desfile com fanfarra e carros alegóricos, no início eu era baliza da fanfarra depois exerci outros papéis.

Tinha também as quermesses da igreja (na época o Padre era o Antonio, um italiano bravo mas muito amoroso com as crianças) a quermesse era no salão paroquial em frente à igreja, e a comunidade participava dos preparativos: matar e rechear os frangos, limpar e arrumar o salão, além de separar os papeizinhos do bingo, preparar as prendas, etc.

Outra comemoração que me lembro muito era Corpus Christi, quando enfeitávamos a rua com flores, folhas, pó de café, serragem, grãos e fazíamos o caminho que Jesus iria passar, eu ficava bem chateada porque demorávamos muito tempo para os preparativos que estragavam quando o padre passava em cima. Participávamos de todas as procissões e algumas delas eram de madrugada ou a noite então íamos com uma vela protegida por um papel colorido (que muitas vezes pegava fogo), após a procissão tinha a missa e eu era bem participativa em todos os eventos, teve um tempo que eu até tocava violão na igreja.

Nos dias das mães e dos pais, apesar de um pouco sofridos, nós nos orgulhávamos, pois tínhamos 2 mães (a que morreu e a tia Nena), e no dia dos pais tínhamos uma mãe que era nosso pai. Havia um certo constragimento das pessoas em relação a nós, mas eu sempre me orgulhei da minha história e não ficava abalada. Minha tia era muito forte e penso que nas entrelinhas nos ensinava "isso é o que temos para hoje".

Na escola sempre haviam apresentações, eram danças e peças de teatro, na semana do folclore também nos preparávamos para o evento, com interpretações sobre o folclore brasileiro, finais de ano e formatura eram bem comemorados. Cheguei a achar um tempo que seria atriz pois amava um palco e me envolvia profundamente com os preparativos, quase todas as vezes eu era selecionada para ser a artista principal.

Cidade pequena é muito interessante, me sentia totalmente pertencente àquele meio e não me lembro de nenhum momento ter sofrido bullying, ou competições maldosas, até poderiam existir, mas eu definitivamente tinha e tenho o dom de ficar com a parte boa de tudo.

Participar da comunidade e da vida em sociedade é muito importante, ser pertencente e fazer a diferença em uma equipe ou time é algo muito rico, tínhamos unidade e aliança quando nos uníamos para os preparativos de um evento, uma festa ou uma apresentação e isso vai formando um adulto que trabalha bem em equipe, que aprende a liderar e ser liderado, que desenvolve um espírito de comunidade. Além de ser muito bem criada, vivenciei experiências simples e fantásticas a respeito de comunhão, fazer pelo outro, ter um objetivo em comum e, principalmente, respeitar as hierarquias existentes.

Tenho certeza que Deus sempre esteve no comando e jamais faria a obra pela metade. Aquele era exatamente o lugar em que deveríamos estar.

# Minha Ceci

Tenho muitas histórias engraçadas sobre esse tema, afinal de contas era nosso meio de transporte e com ele chegávamos a todos os lugares desejados, já que a cidade era pequena e sem perigos.

Eu tinha uma Caloi amarela, deveria ser para crianças entre 6 e 9 anos, eu não vivia sem essa bicicleta, estou aqui lembrando, eu acho que andava de bike todos os dias.

Em uma das tardes de aventuras, estávamos andando de bike perto do trevo (o que para nós era bem longe) estávamos eu, a Zi, o Tato e o Lê, era final do dia e minha bicicleta simplesmente rachou ao meio e tivemos que voltar a pé carregando-a nos braços, todos me fizeram companhia, ninguém deixava ninguém para trás.

No Natal do mesmo ano ganhei uma Ceci azul-metálico com cestinha, pedi muito para minha tia, mas ela dizia, "não sei se vai dar", assim mantinha a surpresa. Na noite de Natal ganhei a bicicleta com um laço vermelho na cestinha. Tia Nena fez suspense e entregou os presentes de todas as crianças antes e o último foi o meu, eu tenho uma sensação que um foco de luz direto do céu foi direcionado em cima da bicicleta quando a vi pela primeira vez. Meu coração acelerou tanto e eu chorei muito de alegria, como eu não havia criado expectativas de que iria ganhar uma bicicleta nova, esse dia foi muito especial e aquele presente mais especial ainda.

No dia do Natal e todos os outros eu quase morri de andar de bicicleta, mas ainda não tinha tanta intimidade com aquela Ceci, ela era bem grande em relação à minha Caloi amarela.

Em uma das tardes que eu pedalava para a casa da Zi para brincar, desci na maior velocidade a rua da praça em frente à igreja, me confundi ao frear e caí dentro de uma Kombi cheia de peixe, levantei entre os cestos de lambaris e tilápias, com aquele cheiro peculiar de peixe e fui socorrida pelo sr. João Ramires, o avô da Zi que vivia por perto, chorei tanto porque amassou a cestinha da minha Ceci, mas o Dedão levou para arrumar em Assis para que minha bike ficasse perfeita.

Éramos uma grande família, cuidávamos uns dos outros, cada um ajudava de uma forma e o senso de cooperação e comunidade eram realmente vívidos.

# Férias em Maringá

Nas férias de julho e janeiro lá íamos nós 3 passar uns dias com a família que havia ficado em Maringá (os "Real", a família por parte da minha mãe).

Era bom, mas era desafiador também, parece que quando começávamos a nos acostumar com a casa nova, a vida nova, os amigos, a cidade, lá voltávamos para reviver o passado e olhar para as dores, sim existiam partes boas e felizes como ver as primas, matar a saudade da vida que havia ficado para trás, mas havia também uma certa dor, que aos poucos foi desaparecendo também.

Ficávamos em várias casas: na tia Zulmira, que era a irmã que criou minha mãe, íamos na Lucineide (minha madrinha), e ficávamos muito com a Lúcia (uma sobrinha da minha mãe) que tinha 3 filhas das nossas idades, então era bem gostoso.

Revíamos as primas, íamos ao clube, às vezes íamos à casa de uma ou outra amiga da minha mãe. As pessoas se lembravam com muito carinho do jovem casal, umas choravam, outras contavam histórias, ir a Maringá era reviver um pouco mais a dor da perda, olhar para o passado de frente e ter que encarar que agora a vida era diferente. Não morávamos mais lá, nossa escola era outra, nossos amigos, nossa família e assim fomos encarando frente a frente o desafio de fazer a vida que ficou ser interessante, ser alegre, ser divertida, até porque a vida não precisa ser perfeita para que seja boa.

Às vezes não queríamos ir, e ao final das férias não queríamos voltar, atitudes normais de crianças.

Muitas e muitas vezes íamos a Balneário Camboriú com a Lúcia, sinceramente não sei como ela levava 6 meninas no carro, mas sei que íamos e muito felizes por sinal.

Na estrada parávamos em uma sombra para comer frango com farofa que ela levava, passávamos dias deliciosos e muito divertidos.

A Lúcia e o César tinham 3 meninas: a Luciana, 6 meses mais nova que eu, a Patrícia exatamente da idade da Ju e a Vanessa, um pouquinho mais velha que a Pri, então nós 3 tínhamos amigas da mesma idade, isso para mim era bem importante, em Echaporã as minhas primas, filhas das irmãs adotivas, eram mais novas, dava certo com a idade da Ju e da Pri, então eu era mais "a cuidadora" do que brincava junto, em Maringá eu tinha uma prima da mesma idade e fizemos muitas descobertas juntas.

Lá no Paraná também tinham dinâmicas diferentes nas famílias, a diversidade na forma de criar, de educar, de dar limites e de conduzir a vida era diferente nas famílias, mas a forma de amar era a mesma, porque amor não se mede, amor é amor e ele é percebido nos vários formatos de família.

A Lúcia era sempre alegre, "pra frente", animada e elegante, nos dizia com frequência: - olha eu e sua mãe fizemos isso, vínhamos aqui, a vó Marcelina (minha avó materna) nos levava para pular carnaval e dormia na cadeira. Sua mãe era a alegria em pessoa, nunca vi alguém mais animada em toda minha vida! Ela e a Lucineide (minha madrinha) nunca cansavam de repetir isso.

Às vezes íamos ou voltávamos de Maringá com meu tio Orcílio (marido da minha tia Zulmira) e lembro até hoje que a rádio que íamos ouvindo chamava-se Paiquerê FM. Maringá é bem perto de Echaporã, umas 3 horas, mas demorávamos bastante para chegar pois ele passava em alguns clientes (era vendedor de sal para gado da empresa do filho dele), então ele aproveitava as viagens e visitava as fazendas do estado de São Paulo.

Eram férias divertidas, fomos crescendo e as visitas à terra natal foram ficando espaçadas mas o elo permaneceu e existe até hoje.

Se sentir amado é algo muito importante para uma criança, principalmente em sua primeira infância, que vai até os 7 anos, eu tive esse amor vindo direto dos meus pais, já com minhas irmãs foi diferente, por isso esse amor e cuidados de pessoas do nosso convívio, de parentes mais próximos ou distantes foi e é muito bem vindo. A infância é o momento quando as feridas abertas às vezes levam uma vida para serem cicatrizadas.

Fiz terapia muitos anos e gosto de assuntos sobre psicologia e inteligência emocional, li e estudei um pouco sobre isso, entende-se que a primeira infância (dos 0 aos 7 anos), é o momento mais importante da vida de uma criança, por isso uma atenção especial e muito amor nessa fase são primordiais.

Há algo infalível, simples e gratuito, chama-se AMOR, esse sentimento é capaz de acalmar, de transformar e de curar. O que podemos fazer com as crianças do nosso convívio: sobrinhos, vizinhos, filhos de um amigo que se foi, é não medir esforços para demonstrar o quão uma criança foi desejada e amada, isso pode fazer diferença na construção de uma personalidade saudável e de um adulto que se sente seguro.

Tem um versículo da Bíblia que gosto muito, ele fala que a verdadeira religião é cuidar dos órfãos e das viúvas, eu penso que as pessoas que nos cercavam entendiam sobre a verdadeira religião, fomos muito cuidadas por todos e nos sentíamos amadas por elas e por Deus.

# Generosidade
# uma via de mão dupla

Há uma palavra da língua portuguesa que acho linda, eu gosto da sua sonoridade, de tudo que representa para mim, e mais ainda do seu significado, chama-se GENEROSIDADE.

A generosidade de uma mulher, suas filhas e de algumas pessoas que a rodeavam, salvou a vida de 3 meninas, a generosidade de uma cidade fez essas 3 meninas órfãs se sentirem amadas e cuidadas: um chocolatinho, um copo de leite, um ingresso para o circo, a doação de um tempo, um colo, um ombro amigo, um acolhimento.

Eu sei o que é conviver com essa palavra, eu sei o que é uma pessoa generosa e para mim sempre foi muito claro que a generosidade é uma via de duas mãos.

Em um momento, tia Nena fica viúva e é apoiada pela família, outra hora fica sem o irmão e sua jovem cunhada, e estende suas mãos para criar as sobrinhas, a generosidade dessa mulher ultrapassa as fronteiras do que seria apropriado, interessante e adequado, é generosidade pura. São cuidados em forma de doação de seu tempo, sua sabedoria e suas vivências, é generosidade em forma de amor.

Generosidade é estender a mão a quem necessita, é ser exemplo de bondade pela vida.

Minha tia sempre teve funcionária para ajudar nas tarefas da casa, às vezes até duas, mas na época era ela que fazia a comida, e não é porque tinhamos alguém responsável pelas atividades que não participávamos ativamente dos afazeres domésticos, ela nos ensinava a colocar e tirar a mesa, a temperar a salada, a arrumar nossas camas, a arrumar nossas gavetas, a lavar nossos tênis, e todas essas coisas pequenas que dão um senso de cooperação à criança, coisas que podem parecer insignificantes, mas muito importantes para formação de um adulto educado e com o mínimo de autocuidado e bons modos. Ela sempre repetia: - espero que sempre tenham alguém para ajudá-las, mas para mandar precisa saber fazer.

Uma outra característica muito decente da minha tia é que ela tratava muitíssimo bem todos os seus funcionários, os de casa, os da fazenda, os dos vizinhos, ou qualquer pessoa que fosse capinar o quintal, tratava gente como gente, não fazia distinção por classe social, dava valor aos que a serviam, comíamos a mesma coisa, sentávamos à mesma mesa, ela entendia muito sobre comunhão e sobre gratidão.

Durante a vida, acolheu e cuidou de várias pessoas, foi generosa quando requisitada, e a vida lhe retribuiu em grande estilo.

Há alguns anos perdemos nossa matriarca, que pôde ter pessoas incríveis cuidando dela em sua velhice, a Edinha foi a mais presente e a que passou mais tempo, a nossa nona irmã, uma morena maravilhosa por dentro e por fora, a nossa "Glória Maria", a pessoa mais carinhosa, amorosa e positiva que eu conheci, um astral impecável e uma força sobrenatural para superar as adversidades da vida.

Tia Nena foi generosa e a vida retribuiu toda sua generosidade.

Tem uma frase que Tia Nena sempre nos contava que ouvira quando tomou a decisão da nossa adoção: "mas a senhora é muito velha, não vai dar conta, elas são muito pequenas e a senhora tem idade para ser avó das 3 meninas".

Pois bem, tia Nena viu nós 3 nos formarmos na faculdade, nos casarmos, nos viu ter nossos filhos, para ela sempre fomos um orgulho, sentia orgulho de nossos diplomas e da inteligência de nossos filhos, tinha orgulho infinito do Lói (apelido carinhoso que meu pai tinha).

# A morte não é o fim

Se você comprou este livro, é porque provavelmente se interessa por histórias de família, ou conhece minha história e ficou com vontade de entender na íntegra como ela realmente foi, ou se interessou porque eu disse que a morte pode ser uma dor vivida de uma forma mais leve, e isso a princípio pode parecer estranho.

Talvez você tenha perdido alguém da família, ou conheça alguém que perdeu alguém, pois os anos de 2020 e 2021 foram marcados por muitas perdas.

Pois é, vou falar sobre perder alguém que amamos...

Não é fácil, mas pode ser o mais leve possível e acho que foi isso que minha tia Nena fez, ela tornou essa experiência algo natural em nossas vidas, ela não ficou chorando e demonstrando a pena que sentia de mim e das minhas irmãs, muito pelo contrário, ela nos trouxe a vida, nos trouxe as responsabilidades naturais da vida de qualquer criança, jovem ou adulto, não nos poupou das angústias e frustrações que temos quando estamos crescendo e que teremos a vida toda, não mudou em absolutamente nada sua conduta de criação por conta das modernidades da nova época, jamais, ela nos conduziu até o final de sua vida com muita sabedoria, firmeza, habilidade e responsabilidade, da forma que para ela era o jeito correto de criar filhas.

E para que as lembranças fizessem parte de nossas vidas, a minha tia, minhas irmães, nossos tios e primos, diziam o quanto fomos amadas e desejadas e contavam muitas histórias sobre nossos pais.

Sobre as "proezas" que meu pai aprontava, como ele era alegre e tinha muita energia para a vida, para a familia, para os amigos e para crescer como ser humano.

Que minha mãe era sempre arrumada e cheirosa, andava com as roupas, bolsas e sapatos de última moda, era uma mulher vaidosa, elegante e estava sempre feliz e animada.

Que ela passava dias bordando vestidos para os campeonatos de tango do estado do Paraná, que ela tocava piano e meu pai cantava e era lindo ver o amor e afinidade dos dois.

Que ele era mais bravo e ela mais doce e isso fazia o equilíbrio do casal.

Que eles não perdiam a chance de dançar uma noite sequer de carnaval, que na época era carnaval de salão e que iam fantasiados de bloquinho todas as noites.

Que todos os sábados ele assava uma carninha

e aos domingos almoçávamos fora.

Que eram uma dupla perfeita e que foram felizes enquanto viveram.

Eu penso que essas histórias foram muito saudáveis para serem contadas, muitas eu me lembrava, mas minhas irmãs não, pois tinham 4 e 1 aninho, daí quando você entende de onde exatamente você vem, que é fruto do amor de uma casal especial e que foi amada e desejada, você sente ainda mais o amor de Deus e entende que nunca andará sozinha.

Você se sente pertencente, sabe, acho isso fantástico.

É óbvio que minha tia sofria ao ver as 3 sobrinhas órfãs de pai e mãe, tão frágeis, tão indefesas e tão inocentes, como não seria a vida dessas 3 meninas se tivessem os pais? Mas, a missão dela era nos tornar 3 mulheres fortes e corajosas, pois ela sabia que iria embora bem antes de nós e quanto mais preparadas estivéssemos melhor seria para nós mesmas.

Minha tia morreu aos 87 anos, nesse tempo, como eu já disse, nós 3 já havíamos nos casado e já tínhamos filhos, só não deu tempo dela conhecer o Francisco, que é o caçulinha da Pri.

As minhas filhas, Clara e Marina, tinham um imenso carinho por ela, a chamavam de vó e sempre pediam para que eu contasse histórias da minha infância, e de quando ganhei uma nova mãe.

Ela foi uma mulher incrível, ela era de pouca prosa, uma mulher mais séria, calejada pela vida, mas ela tinha um amor infinito dentro do seu coração, ela acolhia qualquer pessoa, tantos sobrinhos moraram com ela, uma cunhada chegou a morar, ela ajudava as pessoas necessitadas, no inverno comprava cobertores e doava, nunca negava um prato de comida para alguém, ela não tinha mimimi, mas tinha um coração gigante. Acho isso um aprendizado precioso, pois tem pessoas que sorriem com os lábios o dia todo, mas são incapazes de estender a mão para alguémm necessitado.

Eu acho que ela fez certinho, mais tarde quando estávamos mais velhas ela disse que muitas vezes se escondia no banheiro e chorava de pena e pedia ao Espírito Santo que guiasse seus passos, mas na nossa frente ela era nossa força, nossa rocha e nosso escudo. Ela sempre mostrou o valor da fé e nos ensinou a ter princípios, que mulher sábia.

Se você perdeu alguém, ou conhece alguém que tenha perdido alguém muito próximo, ajude essa pessoa a continuar pela vida, e já que é para continuar, que seja de forma leve e amorosa.

É ruim quando as pessoas sentem pena de você, uma criança que os avós, tios ou pais ficam falando: "ai, coitadinho", "ai, que dó" - se torna um adulto mimizento, uma pessoa que se sente vítima nas adversidades e não dá conta de uma mínima frustração.

A vida é assim, recheada de sentimentos, temos alegria, tristeza, medo, ansiedade, ter maturidade é saber equilibrar esses sentimentos, ninguém é feliz o tempo todo e nem todos são tristes o tempo todo e tudo bem, não é?

A dor de um é diferente da dor do outro, mas toda dor é dor, deve sim ser respeitada, mas a dor também nos movimenta para sermos melhores, descobrirmos nossas próprias capacidades. E às vezes é na solidão que nos conhecemos melhor, que descobrimos nossa verdadeira força e muitos têm neste momento a oportunidade de buscar Deus.

É óbvio que o amor edifica e constrói, constrói muitas coisas boas, existem elos inquebráveis construídos no amor, nós não viemos aqui para sofrer, não foi isso que Deus desejou a seus filhos.

Mas a dor também edifica, ela nos mostra nossos limites, nossas forças, nossas sombras. Acho um exemplo bem legal o da musculação, quando você vai para academia e faz exercícios seus músculos doem não é mesmo? Eles estão se fortalecendo, assim são os sentimentos, sentimentos doloridos e mais profundos fortalecem as pessoas, aprendemos sobre resiliência, aprendemos a conviver com diferenças, aprendemos a olhar o outro com mais compaixão, aprendemos sobre flexibilidade, aprendemos no silêncio como cicatrizar nossas feridas e acolher nossas dores.

Eu sempre falo: a vida é lindíssima e eu adoro pessoas, minhas filhas, irmãs, primas, amigos e família, mas se existe uma verdade nessa vida é que no início e no fim de tudo é você com você, você é sua companhia, você deve se amar, amar a sua presença e o seu jeito de conduzir a vida.

Ninguém vai passar pela vida sem a dor, a dor de perder alguém, a dor de perder algo, a dor de se perder para poder se encontrar, as dores fazem parte da vida, assim como as alegrias e todas as bênçãos disponíveis no Universo.

O que eu aprendi com a minha história é que realmente "tudo é para o bem daqueles que amam a Deus e vivem conforme seu propósito", aí entra a fé: você deve acreditar em dias melhores, sentimentos melhores e boas surpresas pela vida. Eu também aprendi que onde a gente coloca o pé com fé, Deus na sequência coloca o chão.

Eu lembro que minha tia nos contava que quando ficou viúva aos 37 anos ela acordava todas as noites e pedia para o Dito (o marido dela que também morreu em um acidente), vir dar um sinal, um aviso do que era para ser feito pois ela ficou muito sozinha e provavelmente cheia de dor, medo e angústias, e ele nunca veio, mas com toda certeza o Espírito Santo a visitou e a guiou muitas vezes, todas as vezes que precisou tomar uma decisão, todas as vezes que teve dificuldades financeiras, todas as vezes que se sentiu sozinha e desamparada.

O maior exemplo de força e coragem na minha vida é o da minha tia Nena, imagine a solidão que ela não sentiu, imagine como seu peito rasgou de dor, e mesmo assim ela criou 5 filhas, aos 54 anos adotou 3 sobrinhas e ensinou a todas nós sobre superação, sobre amor, sobre coragem, e o que eu sei sobre isso eu aprendi e vivi com ela. Então, a maior dica que posso te dar é: enfrente seus medos, acolha suas dores, não se sinta um coitadinho, vítimas não prosperam, não evoluem, não são exemplos para ninguém e não têm histórias de vitórias para contar.

Você quer ser um coitadinho/a ou quer ser um exemplo para seus filhos, pais ou cônjuge?

Respire fundo, agradeça, saboreie a vida.

Eu amo a vida e acho a minha uma linda história de mulheres fortes, corajosas e vencedoras. Eu me orgulho da minha infância, de todas as experiências que vivi, de todos os aprendizados que tive, do amor que recebi de toda a minha família e da força que tive para superar as minhas dores.

Espero que minha história ajude você em algum segmento da sua vida, que ela possa abrir seus olhos para coisas que você ainda não tinha percebido e que possa te mostrar que é mais simples ser feliz do que se imagina.

Perdi meus pais aos 7 anos, meu casamento aos 40, passei por alguns perrengues, caí e me levantei várias vezes e sou irritantemente feliz e grata pela vida, sabe por quê? Por que a cada momento de superação eu me torno uma pessoa melhor, porque tenho um olhar mais humano em relação à vida e ao próximo, porque vejo as infinitas possibilidades da vida e há muitos anos entendi que a vida não é olhar para o próprio umbigo, e sim olhar além do horizonte.

Eu entendi muito cedo que empatia une pessoas, que se colocar no lugar do outro muitas vezes te salva, te cura, te mostra um novo caminho, e porque a gratidão atrai coisas boas.

# Os livros que moram dentro de mim

Na verdade, existem vários livros inacabados dentro de mim, e muitos outros virão, eu sei... Olhe esse exemplo, “a casa das 9 mulheres” eu tenho um livro inteiro e até o momento que escrevi esse capítulo não havia visualizado a capa, mas existem duas capas dentro de mim, que posso ver perfeitamente e ainda não há um livro escrito.

Tenho todas as etapas do meu próximo livro, é a parte em que eu e minhas irmãs já estamos adultas, vou te contar sobre esse desdobrar da vida das 3 meninas.

A vida é assim: capítulos inacabados que podem ser escritos e modificados a cada dia. Cada página é uma história a ser contada direto do meu coração para você que se conecta comigo.

“A cura da sua criança interior”, gosto desse tema, entendi que trazemos para a vida adulta muitas dores quando não são identificadas e compreendidas, muita vezes ficamos presos em histórias do passado, em um momento, em uma situação, mas isso não nos leva a nenhum lugar, todo adulto deve acolher essa criança e ressignificar suas feridas, só assim poderá ser um adulto emocionalmente saudável e pleno.

Buscar a nossa ferida profunda, sentar cara a cara com ela, resolver as tretas e curar-se é bem desafiador, mas posso te dizer: não tem preço.

Confesso que esse livro será um grande desafio, talvez seja escrito a 6 mãos, talvez eu escreva sozinha.

Eu sempre gostei de escrever, mas não sabia o quão "mágica" era a escrita, o ato de escrever a minha história me curou de muitas dores e fortaleceu o meu olhar amoroso em relação a minha vida.

Após 41 anos, com tantas vivências e bastante bagagem, posso olhar para essas 3 meninas que fazem parte dessa "casa das 9 mulheres" com muito orgulho e admiração. Eu vejo e sinto o quanto nos amamos e fomos amadas, o quanto nos fortalecemos juntas e como a vida foi generosa conosco.

É clichê o que vou dizer, mas é bem real, se existe uma palavra que possa me definir hoje, essa palavra chama-se GRATIDÃO. Eu agradeço a Deus todos os dias pelos cuidados diários, em cada detalhe eu sinto a presença Dele, agradeço ao meu coração sempre alegre, à minha trajetória, às vezes desafiadora, mas que me transforma a cada dia, e agradeço mais uma vez a essas 8 mulheres maravilhosas que caminham comigo, tenho muito orgulho de nós todas.

Espero você nos próximos capítulos dos meus próximos livros...

Um beijo no seu coração.

Amo você que leu a minha história!

Se você gostou dessa história e quer me dar um feedback, meu Instagram é @valeriapaglioni.
Terei o maior prazer em prosear com você.

Flow
- EDITORA -

www.ingramcontent.com/pod-product-compliance
Ingram Content Group UK Ltd.
Pitfield, Milton Keynes, MK11 3LW, UK
UKHW041845200726
13854UKWH00005BA/2183

9 786599 611186